Peter Burtzik
Erziehung und Ausbildung des Hundes

W0245655

Herausgegeben unter dem Patronat
des Verbandes für das Deutsche
Hundewesen e.V., 4600 Dortmund

Peter Burtzik

Erziehung und Ausbildung des Hundes

Aus der Praxis – für die Praxis

4., neubearbeitete Auflage
Mit 40 Abbildungen, davon 6 farbig

Verlag Paul Parey · Hamburg und Berlin

Weitere Bände in der Reihe „Dein Hund"

Der Afghane · Airedaleterrier · Der Basset · Der Beagle · Bearded Collie · Berner Sennenhunde · Bernhardiner · Der Bobtail · Bouvier des Flandres · Der Boxer · Der Bullterrier · Der Cairn Terrier · Der Chihuahua · Der Chow-Chow · Collie und Sheltie · Der Dackel · Der Dalmatiner · Der Dobermann · Die Dogge · Der Foxterrier · Golden und Labrador Retriever · Greyhound · Große Münsterländer · Der Hovawart · Jack-Russell-Terrier · Der Kromfohrländer · Der Leonberger · Mischlingshunde · Der Mops · Neufundländer · Der Pekingese · Pinscher und Schnauzer · Der Pudel · Der Riesenschnauzer · Der Rottweiler · Der Deutsche Schäferhund · Schlittenhunde · Setter und Pointer · Der Shih-Tzu · Der Spaniel · Der Spitz · Terrier · Ungarische Hirtenhunde · West Highland White Terrier · Der Yorkshire Terrier · Dienst- und Gebrauchshunde · Dein Hund auf Ausstellungen · Dein Hund im Recht

Die Deutsche Bibliothek – CIP-Einheitsaufnahme

Burtzik, Peter :
Erziehung und Ausbildung des Hundes : aus der Praxis – für die
Praxis / Peter Burtzik. – 4., neubearb. Aufl., 20. – 27. Tsd. –
Hamburg ; Berlin : Parey, 1993
(Dein Hund)
1.–3. Aufl. als: Freund Hund ; Bd. 33
ISBN 3-490-30612-3

20.–27. Tausend 1993 (Neubearbeitung)

© 1993 Verlag Paul Parey, Hamburg und Berlin
Anschriften: Spitalerstraße 12, D-2000 Hamburg 1; Seelbuschring 9–17, D-1000 Berlin 42
Satz: Westholsteinische Verlagsdruckerei Boyens & Co., Heide/Holst.
Druck: Druck-+Verlagshaus Wienand, Köln
Umschlaggestaltung: Evelyn Fischer, Hamburg
Printed in Germany
ISBN 3-490-30612-0

Vorwort zur vierten Auflage

Aus dem Bedürfnis heraus, Käufern der von meiner Frau und mir gezüchteten Schnauzerwelpen eine Anleitung für die richtige Behandlung, Erziehung und Ausbildung zu geben, entstand dieses Buch. Die Käufer – es war so etwas wie Kundendienst – erhielten anfangs einfache schriftliche Hinweise; ich wollte, sicherlich nicht ohne Eigennutz, daß sie ihre neuen Hausgenossen richtig, insbesondere aber artgerecht, behandelten.

Sehr schnell zeigte sich, daß neue Hundebesitzer für Tips und Ratschläge aufgeschlossen und dankbar waren.

Als ich 1960 dann das Manuskript zu der ersten Auflage der für nahezu alle Hunderassen geltenden Anleitung zusammenstellte, ahnte ich nicht den Erfolg. Zwischenzeitlich hat die Wissenschaft weitergeforscht und dadurch das richtige Erkennen des Hundes gefördert. Wir Praktiker sind immer wieder gefordert und müssen das Erforschte für das Alltagsgeschehen umsetzen.

Gerade in den letzten Jahren sind Haushunde in die Schlagzeilen der Medien geraten. Die Gründe sind vielschichtig, doch meistens war nicht der Hund, sondern der Mensch der Schuldige für das Fehlverhalten. Das Wort „Hundeführerschein" war sogar zeitweise in aller Munde. Die Parlamente und Behörden versuchen durch Gesetze und Verordnungen nicht einsichtige Hundebesitzer zur Ordnung zu zwingen.

Ich bin für den „Hundeführerschein" auf freiwilliger Basis, also für den Nachweis, daß der Besitzer eines Hundes einerseits über genügend Theorie und das nötige Fachwissen zum Verstehen seines Hundes verfügt, andererseits der vorgeführte Hund einwandfrei erzogen und ausgebildet ist. Die Abnahme des „Hundeführerscheines", sollte es dazu kommen, würde sinnvollerweise an Fachkundige delegiert.

Zur umsichtigen Erziehung, Haltung und Führung von Haushunden soll dieser Leitfaden beitragen. Nur die dazu unerläßlichen Übungen habe ich beschrieben. Es ist mein Anliegen, daß der Hundebesitzer, der Einsicht in sein Tun hat und logisch denken kann, das Wesen seines Hundes richtig erkennt und ihn dementsprechend behandelt. Dazu gehört auch, obwohl es viele Hundebesitzer nicht gerne hören, Theorie.

Genau wie im Vorwort der ersten drei Auflagen danke ich an dieser Stelle Herrn Hans Kühl, Eutin-Liensfeld, der mit viel Liebe und Geduld die Zeichnungen für das Buch fertigte. Ebenfalls sei Professor Dr. Dr. h. c. Wolf Herre, ehem. Neue Universität Kiel, Dank gesagt für seine immer freundliche Unterstützung, genau wie dem Verlag Paul Parey, der sich die Neuauflage meines Buches angelegen sein ließ.

Zum Wohle des Hundes wünsche ich allen Hundeliebhabern, die sich der Ratschläge dieses Buches bedienen, viel Erfolg.

Wilhelmshaven, im Herbst 1992   Peter Burtzik

Anmerkung

Die ersten drei Auflagen dieses Buches erschienen in der Reihe „Freund Hund" und haben innerhalb weniger Jahre ihre Verbreitung gefunden. In der Reihe „Dein Hund" wird dieser Titel nun fortgesetzt und erscheint in der 4., neubearbeiteten Auflage.

Inhalt

Einleitung

Unser Hund verpflichtet! Die moderne Erziehung und Ausbildung des Hundes kommt nicht nur Menschen zugute, auch der Hund hat seinen Nutzen davon. Der gehorsame Hund bringt Freude ins Haus und wird dementsprechend behandelt. Der ungehorsame Hund wird nicht als solcher geboren, sondern der Mensch hat hier versagt und es nicht verstanden, die hochentwickelte Veranlagung des vierläufigen Begleiters in richtige Bahnen zu lenken. Viele Hunde werden von Menschen falsch behandelt, allerdings nicht in böser Absicht, sondern meistens aus Unwissenheit.

Dieses Buch ist für die breite Schicht der Hundehalter bestimmt, ich habe versucht, den Hundebesitzern das hundliche Wesen näherzubringen. Derjenige, der seinen Hund richtig erkennt und behandelt, kann ihn auch erziehen und ausbilden.

Ein Hund versteht unsere Sprache nicht. Auch wir sind nicht in der Lage, seine „Sprache" zu verstehen. Aus dieser Kenntnis heraus müssen wir, wenn wir etwas von unserem Hund wollen, es ihm auf eine andere Art und Weise beibringen. Noch vor Jahren, teilweise wohl auch heute noch, wurde der Wille des Menschen dem Hunde bei der Erziehung und Ausbildung mit Gewalt aufgezwungen, wobei Peitsche und Stachelhalsband oft keine geringe Rolle spielten. Bei der von mir beschriebenen Methode finden Peitsche und Stachelhalsband keine Verwendung. Auch die Elektroschockgeräte lehne ich grundsätzlich ab. Wir wollen unseren Hund erziehen und ausbilden, nicht vergewaltigen.

Wir – Mensch und Hund – wollen Freude an der Arbeit haben. Nur so kann das Werk gelingen. Das Zeitalter der zwanghaften Dressur und des Dompteurs sind vorbei. Der wahre Erzieher und Ausbilder – auch Tierlehrer genannt – will das freudig arbeitende Tier. Diese Umstellung in der Ausbildung finden wir nicht nur bei der Erziehung unseres Hundes, nein, alle fortschrittlichen Tierbesitzer denken und handeln so.

Wohl jeder Tierfreund hat den weltbekannten Zirkus Krone besucht und dort die Vorführung der Raubtiere gesehen, eine wahre Meisterleistung. Die Raubtiere sind nicht von einem Dompteur dressiert, sondern von einem Tierlehrer erzogen und ausgebildet. Die wunderbare Ausbildung spiegelt sich im Verhalten der Tiere wieder. Kein Tier steht unter Druck, kein Tier ist ängstlich oder verschlagen, jedes Tier ist eine „Persönlichkeit".

Oder wenn die 24 Hengste des Kronezirkus in der Manege sind! Das Herz jedes Tierfreundes wird höher schlagen, wenn er erkennt, daß nicht ein Tier die geforderten Übungen unter Zwang ausführt. Ein leiser Zungenschlag oder ein Zurufen des Namens des Pferdes genügt, um eine vorübergehende Unordnung zu beseitigen.

Der Mensch mit seinem Verstand macht sich alles dienstbar und hat dies auch beim Hund getan. Er nutzt dessen Natureigenschaften! Um aber der Erziehung und Ausbildung gerecht zu werden, ist es erforderlich zu wissen, was im Inneren des Hundes vor sich geht. Dies zu erkennen, zu ergründen und danach zu handeln, bildet die Grundlage für die richtige Erziehung und Ausbildung des Hundes. Wie sich einem Psychologen das Seelenleben eines Menschen offenbart, so wollen wir bestrebt sein, auch unseren Hund psychologisch zu beobachten und ihn danach zu behandeln.

Aber nicht jeder ist fähig, seinen Hund richtig zu erziehen und auszubilden. Vom Menschen als Erzieher und Ausbilder wird viel verlangt. Jeder Hundebesitzer sollte sich stets vor Augen halten und prüfen, ob er für die Aufgabe die nötige Eignung besitzt. Die Veranlagung in Verbindung mit der seelischen und körperlichen Haltung ist u. a. ausschlaggebend für den Erfolg. Jähzornige, die ihr Temperament nicht beherrschen können, oder zerfahrene, nervöse und labile Menschen sind für diese Aufgabe ungeeignet. Für den Hund ist es sogar besser, wenn sie auf ihn als Freund und Kamerad verzichten.

Ferner müssen wir Menschen bei der Erziehung und Ausbildung eines Hundes von unserem Podest steigen und versuchen, mit Hilfe unseres Verstandes alles „hundlich" zu sehen. Niemals dürfen wir von dem Hund verlangen, daß er zu uns kommt und etwas „menschlich" verstehen soll. Ein Hund kann nicht logisch denken und hat keine Einsicht in sein Tun. Die Vermenschlichung des Hundes ist ein großer Fehler bei der Erziehung und Ausbildung.

Der Welpe und Junghund wird erzogen, der geistig und körperlich ausgereifte Hund wird ausgebildet. Die Erziehung des Hundes beginnt aber schon an dem Tage, an dem Sie den kleinen Kerl von der Mutter getrennt haben.

Doch lassen Sie Ihrem Hund die Jugend! Der Welpe will und muß spielen.

Die Verhältnisse, unter denen der Hund in der Gemeinschaft des Menschen lebt, haben sich in den letzten Jahren sehr verändert. Mußten früher die meisten Hunde am Haus, also an der Kette, oder im Stall ihr Leben fristen, so ist es heute anders. Die Mehrzahl der Hunde wird im Hause, also in der Wohnung, oder in einem geräumigen Zwinger gehalten.

Durch diese Wandlung der Hundehaltung hat die Bedeutung der Erziehung an Wert gewonnen. Leider wird aber einer richtigen Erziehung und Ausbildung des Hundes immer noch viel zu wenig Aufmerksamkeit geschenkt.

Noch etwas muß ich erwähnen. Der Hund ist ein Produkt seiner Erbmasse, seiner Prägung, Erziehung und Ausbildung. Selbstverständlich ist gute Erbmasse Voraussetzung für den späteren Werdegang. Scheue und nervöse Elterntiere können keine nervenfesten Nachkommen bekommen. In der heutigen Zeit der Motorisierung und Technisierung haben nur noch „umweltfreundliche" Hunde Zukunft.

Und nun zum Schluß der Einleitung ein ernstes Wort. Es ist nicht damit getan, daß wir dem Tier Wohnung und Nahrung geben und es im übrigen als lebendiges Spielzeug und Zeitvertreib betrachten. Mit einem Hund, den ich in meinen Haushalt, in mein Rudel aufnehme, habe ich die Verantwortung für einen Lebensgefährten übernommen. Tierhaltung verpflichtet, und wer Tiere hält, muß auch zu ihrer Betreuung, ja zu Opfern bereit sein.

Lernen Sie Ihren Hund kennen!

Herkunft und Abstammung des Hundes

Nur der Hundebesitzer, der das Wichtigste über Herkunft und Abstammung des Hundes kennt, kann ihn richtig verstehen, seine Handlungen und sein Wesen deuten und ihn entsprechend behandeln.

Die Domestikation von Wildtieren ist eine große Leistung des Menschen. Man hat nachgewiesen, daß andere Tierarten früher als der Hund domestiziert wurden. Aufgrund von Knochenfunden aus frühen menschlichen Siedlungen, die vor allem im Bereich des östlichen Mittelmeeres ausgegraben wurden, muß der Mensch schon vor acht- bis neuntausend Jahren begonnen haben, Tiere an sich zu gewöhnen. Die Wissenschaft ist der Meinung, daß zuerst Wildformen von Rindern, dann von Ziegen und Schweinen domestiziert, also zu Haustieren gemacht wurden. Etwa zur gleichen Zeit hat der Mensch aber auch begonnen, Wölfe an sich zu gewöhnen.

Durch diesen Vorgang, den wir Domestikation nennen, wurden die Tiere dazu gebracht, unter neuen Bedingungen zu leben. Unter diesen veränderten Verhältnissen haben sich die Haustiere im Laufe vieler Generationen gegenüber ihren wilden Stammarten stark verändert. Es hat sich eine Formenmannigfaltigkeit innerhalb einer Haustierart ergeben, die viel größer ist als die in der dazugehörigen Wildart. Fände man einen Dackel und eine Deutsche Dogge in freier Wildbahn, so würden die beiden wohl von jedem Systematiker verschiedenen Arten zugeordnet.

Und wie ist es mit dem Gewicht unseres Haushundes? Es schwankt zwischen einem und 60 Kilogramm. Derartige Größenunterschiede gibt es bei wildlebenden Tierarten nicht.

Für uns ist wichtig zu wissen, daß jede einzelne Haustierart jeweils auf eine wilde Stammart zurückzuführen ist. Professor Herre, Zoologe und Haustierkundler an der Universität Kiel, hat nachgewiesen, daß die Domestikationsveränderungen bei Tierarten parallel auftreten. Besonders bezeichnend dafür ist, daß das Gehirngewicht bei Haustieren um 20 bis 30 Prozent niedriger ist als das bei ihren vergleichbaren wilden Artgenossen. So haben zum Beispiel Wölfe eine größere Gehirnmasse als entsprechend große Hunde. Eine besonders starke Verminderung zeigt bei Haustieren das Großhirn. Das gilt speziell für jene Teile, die mit Sinneszentren in Verbindung stehen. Bezeichnend ist, daß das Hirngewicht wieder in freier Wildbahn lebender Haustiere bald und schon in der ersten Generation zunimmt, während es bei echten Wildtieren in der Gefangenschaft schnell abnimmt.

Von Haustieren werden viel weniger Sinnesreize aufgenommen als von Wildtieren. Das ist einleuchtend, wenn man bedenkt, daß Haustiere in Gemeinschaft mit dem Menschen leben und von diesem betreut, gefüttert und geschützt werden. Die Verminderung der Hirnsubstanz ist also ein Einfluß der Zähmung, der Domestikation.

Die wilde Stammart unseres Hundes ist der Wolf. Hunde sind mithin „verkappte" Wölfe. Im Sommer 1952 hat Professor Herre versuchsweise einen Pudelrüden mit einer Wölfin gepaart. Dieser Versuch ist gelungen und bestätigte damals schon die Abstammung.

Erst seit etwa einem Jahrhundert betreibt der Mensch in unseren Breiten bei der Zucht eine intensive künstliche Auswahl. In diesem Zusammenhang hören wir immer wieder die Ausdrücke Art und Rasse. Es sind zwei Begriffe, die noch angesprochen werden sollen: Unter Art verstehen wir eine bestimmte, natürlich entstandene Gruppe von Tieren mit ähnlichen Merkmalen, die untereinander fortpflanzungsfähig sind. So z. B. Wolf/Hund. „Art" läßt nicht von „Art" heißt es im Volksmund; dadurch hält die Natur sich selber sauber!

Gibt es Ausnahmen? Ja, aber wenn, dann lediglich unter besonderen Bedingungen und nur in einer Generation. Wenn (selten) Kreuzungsprodukte aus zwei verschiedenen Arten entstehen, sind sie nicht fortpflanzungsfähig und werden als Bastarde bezeichnet. Am bekanntesten ist die Kreuzung Pferd/Esel. Das Kreuzungsprodukt nennen wir Maulesel, wenn Pferdehengst und Eselin, bzw. Maultiere, wenn Eselhengst und Pferdestute die Elterntiere sind.

Arten sind veränderlich. Aus ihnen können sich durch bestimmte natürliche Umstände Rassen bilden. Durch vom Menschen gelenkte Züchtung werden die natürlichen Rassen ergänzt. Eine Rasse ist vorhanden, wenn alle äußeren und inneren Merkmale konstant vererbt werden. Gerade der Hund ist sehr veränderungsfähig; es ist verhältnismäßig leicht, eine neue Hunderasse zu züchten. Das wird deutlich durch zur Zeit etwa 400 Hunderassen, die wir kennen. 13

Und nun noch ein Wort zum Bastard. Wie oft höre ich, daß man zu einem nicht rassereinen Hund „Bastard" sagt. Hier zeigt sich die Unwissenheit des Menschen. Bastarde beim Hund kenne ich nicht, wohl aber „nicht rassereine Hunde".

Das mag genügen, und wir wollen einen Schritt weiter gehen. Wir müssen es, um unseren Hund besser verstehen zu können. Ich sagte zu Anfang, auf das Verstehen unseres Hundes kommt es an.

Betrachten wir also die Lebensgewohnheiten des Wolfes. Halten wir uns doch vor Augen, welche Anpassungsfähigkeit der Wildhund mitgebracht hat, um sich im Lebensraum der Menschen zurechtzufinden. Wir finden den Hund in den unermeßlichen Weiten des hohen Nordens ebenso wie im tropischen Urwald und im dichtesten Gewühl der Großstadt. So einmalig ist seine Anpassungsfähigkeit, daß er mit Dienstleistungen betraut werden kann, bei deren Verrichtung man annehmen könnte, er habe sein hundliches Wesen vollständig abgelegt. Trotzdem werden wir aber sehen, daß es sich immer um die Ausnutzung von Wesensanlagen handelt, die er von seinen Vorfahren mitbekommen hat.

Zweifellos ist die Anpassungsfähigkeit des Hundes an die Umgebung größer als die des Menschen. Um aber das Wesen des Hundes noch besser kennenzulernen und damit die Grundlage zu einem besseren Verständnis für unseren Begleiter zu schaffen, wollen wir einen Blick in die ursprüngliche Welt des Hundes werfen.

Der Wolf ist ein geselliges Lauftier, das bestimmte Jagdgebiete immer wieder durchstreift und so in einer einzigen Nacht oft 70 bis 80 Kilometer zurücklegt. Und wie ist es mit unserem Hund? Auch unser Hund ist ein Lauftier, und wir als Menschen sollten dies besonders beachten. Wie oft wurde ich von Laien angesprochen und als Tierquäler bezeichnet, wenn meine Lehrgangsteilnehmer mit ihren Diensthunden am Fahrrad zur täglichen Ausbildung fuhren. Wenn ich dann aber nachforschte, mußte ich fast immer zu meinem Bedauern feststellen, daß unsere Kritiker auch Hunde hatten, die sie aber völlig falsch behandeln. Wen wundert es, wenn die Tiere dann schließlich mit einer „Mettwurst auf vier Streichhölzern" zu vergleichen waren. Ich bin der Meinung, hier lag Tierquälerei vor.

Der Wolf kennzeichnet sein Jagd- und Lebensgebiet durch seine Duftmarken, indem er dessen Grenzen mit Urin benetzt. Und wie ist es mit unserem Hund? Auch er benetzt seinen Bezirk mit seinem Monogramm, indem er hier oder dort einen Tropfen Urin hinterläßt.

Der Wolf ist ein Rudeltier und lebt in der Gemeinschaft. Der stärkste Wolf ist der Leitwolf. Das ganze Rudel lebt in einer Rangordnung. Wenn wir in der Menschheitsgeschichte zurückblicken, so war es früher bei uns genauso. Da gab es Leibeigene, Bürger, Ritter und einen König. Genauso ist es im Wolfsrudel. Nur besteht hier der Unterschied, daß bei den Wölfen diese Rangstufen nicht erblich sind, sondern im Lebenskampf erworben und stets erneut behauptet werden müssen.

Je stärker ein Wolf ist, um so höher steht er in der Gemeinschaft. Peinlich achtet der stärkste Wolf, das Leittier, darauf, daß ihm als einzigem die Verpaarung vorbehalten bleibt. Die Natur sorgt also dafür, daß der Beste sich fortpflanzt.

Woher kommen nun diese Leittiere? Die Anlage dazu hat jeder Welpe des Wurfes. Der, der in der Lage ist, gleich die beste Zitze bei der Hündin zu ergattern und sie sich vom ersten Tag an nicht fortnehmen läßt, wächst schneller und ist folglich bei Rangordnungskämpfen im Vorteil. Es bleibt aber der stetige Drang nach vorn erhalten, zunächst im Wurf und später im Rudelverband, bis eines Tages der Kampf um den Posten an der Spitze entbrennt. Wer dabei siegt, wird Leitwolf, bis ein noch Stärkerer auftaucht und ihm den Rang streitig macht oder bis Alter und nachlassende Kräfte ihn im regelmäßig wiederkehrenden Rangordnungskampf seine Spitzenstellung verlieren lassen.

Und wie ist es beim Hund? Auch bei ihm hat im Wurf jeder die Anlagen zur Einordnung, aber auch den Drang zum Leithund; der kräftigste Welpe setzt sich durch, erhält so die Prägung zum Leithund und wird gern gekauft. Nun führt er gewissermaßen ein gemischtes Dasein, lebt in einem Rudel Mensch/Hund. Zum Rudel gehören alle Familienmitglieder, und da in einem Rudel immer einer der Anführer ist, versucht der Hund seiner Veranlagung gemäß, diese Stelle zu erobern.

Es kann dann soweit kommen, daß unser „Leithund", etwa im Alter von zwölf Monaten, schon macht, was er will, und nur noch „Herrchen" oder „Frauchen" respektiert. Nach einigen weiteren Monaten setzt er sich auch gegen Frauchen durch, wenn er nicht ruhig, richtig und energisch in seine Schranken verwiesen wird. Ja, es kann sogar soweit kommen, daß er eines Tages seinen Herrn anknurrt, wenn dieser etwas von ihm will, und daß der Hund ihn, trotz guter Pflege und Wartung, eventuell sogar angehen will. Der unerfahrene Hundebesitzer spricht jetzt von Falschheit oder Untreue und läßt den Hund töten oder verkauft ihn „an die Ketten". Der erfahrene Hundebesitzer läßt es darauf ankommen, nimmt die Auseinandersetzungen an und gewinnt.

Die meisten Hunde, die den Behörden angeboten werden, sind solche Unbotmäßigen, wie ich sie eben geschildert habe. Für sie sind gerade diese Hunde die besten, und wenn sie in ihre Schranken gewiesen und ausgebildet wurden, dann gibt es keine besseren Diensthunde. Die Diensthunde sind fast alle Leithunde, die bei richtiger und sachgemäßer Ausbildung nicht zu übertreffen sind.

Wölfe sind Nachttiere. Sie verschlafen den Tag und suchen die Beute nachts. Ihre Sinnesorgane sind ganz darauf eingestellt. Wir, die wir uns näher mit dem Hund befassen, stellen fest, daß auch der Hund ein Nachttier ist. Die meisten Hunde ändern während der Nachtzeit ihr Wesen. Sie werden bei Dunkelheit aktiv, Hunde, die am Tage ruhig sind, werden bei Dunkelheit meistens sehr wachsam und schlagen bei jedem Geräusch an. Die Hunde sind dem Menschen während der Dunkelheit in vielen Beziehungen überlegen.

Nun noch ein trauriges Kapitel. Auch heute fallen Hunde in ihre Wolfseigenschaft zurück. Sie gehen ihrem trüben Gewerbe, dem Wildern, nach.

Bei Einbruch der Dunkelheit oder bei beginnender Dämmerung in den frühen Morgenstunden reißen sie Schafe oder Wild. Wenn Hunde wildern, dann wirken meistens zwei gemeinsam. Eigentlich müßte man annehmen, daß wildernde Hunde sich das beste Stück Fleisch nehmen. So ist es aber in den meisten Fällen nicht, das gerissene Stück wird nicht etwa gänzlich verschlungen, nein, nur die Weichteile werden aufgerissen, und der Magen mit dem Halbverdauten wird gefressen. Ganz natürlich, die Wölfe machen es auch so. Und mancher Hundebesitzer wird jetzt verstehen, warum sein Hund am liebsten Innereien frißt.

Und nun noch zwei Hinweise, die dazu dienen sollen, unseren Hund zu verstehen. Das Lager wird von der Wölfin gegen jede Gefahr verteidigt. Wir brauchen uns daher nicht zu wundern, wenn eine Hündin mit Welpen so scharf wird, daß der Züchter nicht an die Wurfkiste zu den kleinen Welpen darf. Vorschnell würde man wieder sagen: „Falschheit, Untreue oder Dummheit!" Doch, wenn wir es „hundlich" betrachten, so müssen wir erkennen, daß die Ursprungsveranlagung hier in unserer Hündin noch wach geblieben ist.

16

Sechs Hunde der Turnierhundesport- und Agility-Abteilung des Polizeihunde-sportvereins Alstertal/Hamburg beim „Gruppenablegen". Nur gut erzogene und umweltgeprägte Hunde sind in der Lage, diese Übung zu bestehen

Sobald die Welpen zu fressen beginnen, leert die Hündin ihren Mageninhalt aus. Die Welpen stürzen sich mit Gier auf dieses von der Hündin halbverdaute Fressen. Bei der Wölfin in der Natur ist es genauso. Nur ist dort kein Mensch, der das halbverdaute Fressen fortnimmt, weil es unangenehm riecht oder nicht sehr schön aussieht. Wenn wir unsere Hündin jetzt „hundlich" betrachten, dann verstehen wir ihr Verhalten und werden es so lassen, wie es die Natur vorschreibt. Das Erwürgte ist bestes Futter für die Welpen.

Ein Beweis, daß der Wolf der Ahne unseres Hundes ist, ist auch die Dauer der Trächtigkeit. Beide, Wölfin und Hündin, tragen in 63 Tagen ihre Welpen aus. Geringe Abweichungen können bei beiden auftreten.

Unsere Hunde sind also Abkömmlinge vom Wolf, und jeder Hund wird wieder als Nachkomme des Wolfes geboren.

Ob der Hund sich dem Menschen freiwillig genähert hat, um seine Freundschaft zu suchen? Es ist nicht anzunehmen, denn er ist ein Tier der Wildnis. Doch stöberte er die verlassenen Lagerstätten der Menschen auf; denn hier fand er Knochen, Fleischreste und Abfall. So vermutlich wandelte erstmals der Wolf auf den Spuren des Menschen.

17

Der Mensch vermag bewußt und zielstrebig zu denken, und er hatte den Wert des Wolfes für seine Zwecke bald erkannt. Der Wolf ist genausowenig Einzelgänger wie der Mensch. Er lebt in Rudeln, und nur im Rudel ist er stark. Dieses Wesen ist dem Wolf auch heute noch eigen. Wölfe führen ein Nomadenleben, wie unsere Vorfahren es einstmalig auch führten. Wölfe sind von der Natur zur ewigen Wanderschaft bestimmt, handeln aus einer für uns unergründlichen Eigenart heraus, wenn sie plötzlich die Gegend wechseln.

Ursprünglich zähmte bei passender Gelegenheit der Mensch junge Wölfe: „Aus dem Saulus wurde ein Paulus." Der Wolf ging mit zur Jagd, trug Lasten und bewachte die Habe. Immer aber mußte er unter Aufsicht sein; denn er war ja ein Tier der Wildnis, dorthin zog es ihn zurück, und die Natur war nur zu gern bereit, ihn wieder aufzunehmen. Es mußten erst viele, viele Generationen (und damit Jahrtausende) vergehen, bis aus dem Wolf der (Haus-)Genosse des Menschen wurde. Wir nennen diese Wandlung Domestikation. Ich erwähnte bereits, daß jeder Hund immer wieder als Wolf geboren wird, weil die Grundeigenschaften des Wolfes in ihm erhalten sind: Er beißt, reißt, scharrt Löcher und frißt mit Vorliebe Fleisch. Seine Ahnen sind ja überwiegend Fleischfresser gewesen, und durch die Vorliebe für Innereien versorgten sie sich über den Panseninhalt der Beutetiere auch mit erforderlichen pflanzlichen Nährstoffen. Erst beim Menschen sind die Hunde zum Allesfresser gemacht worden.

In allen Haustieren finden sich noch die Gewohnheiten der wilden Ahnen, und darum muß der Hund auch im Rudel leben. Gewöhnlich wird der Welpe der Hündin fortgenommen, wenn er sie noch gar nicht entbehren kann. Hier nun setzt die eigentliche Aufgabe des Menschen ein. Bislang wurde der Welpe von seiner Mutterhündin gehegt und gepflegt, unter ihrer Obhut tat er die ersten Schritte. Sie führte ihn ein in das Leben, in die ersten Geheimnisse seiner Interessenwelt, sie begann ihn schließlich, das zu lehren, was er zum Bestehen seines Daseins braucht. Was der Mensch als lustigen Zeitvertreib zu betrachten gewöhnt ist, ist dem Hund doch weiter nichts als eine sehr ernste Vorübung für sein späteres Leben. Alles dieses muß der Mensch dem „Hundchen" nun ersetzen, denn er ist in dessen Augen nun seine „Mutter", und er muß den Welpen nicht nur pflegen, sondern auch lieben.

Ich habe erwähnt, daß der Hund, genau wie seine Ahnen, auf ein Rudelleben eingestellt ist; er ist also ein Gesellschaftstier. Zusammen mit meinem Hund bilde ich ein Rudel. An mir liegt es, ob ich der „Leithund" bin, oder ob mein Hund Chef ist! Ich muß ihm imponieren, um seine Liebe buhlen, jedoch zeigen und beweisen, daß ich der Stärkere und Klügere bin.

Der Hund ist ein Nasentier, und daher ist sein Hauptsinn der Geruch. Ja, seine Nase ist eine Meisterleistung der Natur, der gegenüber alles Machwerk der Menschen immer unvollkommen bleiben wird. Der Boden ist des Hundes Riechreich, denn hier beschafft er sich seine täglichen Riechbilder. Was hoch über ihm ist, berührt ihn herzlich wenig, da kann er doch nicht heran. Die Riechspuren am Boden, die sind seine Welt! Jeder Duft vermittelt ihm ein ganz besonderes Bild: Nachbars Hund, Ratten und Mäuse, Katzen und Hühner, Pferde und Rinder. Gewiß, er kennt nicht unsere menschlichen Bezeichnungen. Das ist ja auch gar nicht nötig. Er weiß anhand des Geruchs genau, daß da unterschiedliche Wesen existieren.

Die Gerüche sind seine „Zeitung". In seiner Geruchszeitung liest er alle Neuigkeiten, und alle Hunde lesen dieselbe Zeitung. Alle schreiben etwas hinein, heben hier das Bein und da und dort – überall schnell ein paar Tropfen. Dann wissen die anderen Bescheid, können sich freuen oder ärgern! Können lange schnuppern oder schnell vorübergehen, wie es ihnen beliebt. Daher muß ich meinem Hund Gelegenheit geben, seine tägliche Zeitung zu lesen. Er soll doch natürlich leben!

Unser Hund – ein Nasengeschöpf!

Der Hund gehört zu jenen Tieren, die sich überwiegend nach dem Geruch – mit ihrer Nase – orientieren. Er ist ein Makrosmat, ein sogenannter „Großnaser". Diese wesensbestimmende Veranlagung haben wir zur Kenntnis zu nehmen und bei der Ausbildung zu berücksichtigen. Wir können diese Veranlagung fördern, etwas unterdrücken, jedoch nicht abschaffen.

Fest steht nun mal, daß unser Hund als „Nasentier" mit seiner Nase mehr wahrnimmt, als er mit den Augen sieht. Ich sage es bewußt so kraß, denn viele Hundebesitzer ärgern sich, wenn ihr Hund an dieser oder jener Stelle ausdauernd schnüffelt. Wissen wir, was er riecht? Ich weiß es nicht!

Also, wichtigstes Sinnesorgan des Hundes ist seine Nase. Im Unterschied dazu sprechen wir vom Menschen als einem Augengeschöpf; denn was wir Menschen nicht gesehen haben, glauben wir in den meisten Fällen nicht. Analog zum Verhalten des Menschen können wir mithin sagen, was der Hund nicht berochen hat, glaubt er nicht! Die Riechfähigkeit der Hundenase ist von dem Zoologen Prof. Dr. Walter Neuhaus an der Universität Hamburg wissenschaftlich untersucht worden. Es ist allbekannt, daß der Hund viel besser als der Mensch riechen kann. Die Voraussetzung dafür muß – nach Neuhaus – in dem Bau der Nase liegen. Der Hund zählt zu den großnasigen Säugetieren (Makrosmaten), während der Mensch kleinnasig (mikrosmatisch) ist. Wir Menschen haben etwa 8 Millionen Riechempfänger (Riechzellen) auf der Riechfläche der Nase – ein mittelgroßer Gebrauchshund, wie z. B. der Schäferhund, etwa 225 Millionen! Nach dem Zahlenverhältnis der Riechzellen könnte man eine etwa 20- bis 30fach bessere Riechfähigkeit des Hundes gegenüber der des Menschen erwarten. Diese Annahme ist jedoch unzutreffend, wie genaue Prüfungen ergaben.

Der Hund unterscheidet Gerüche sehr viel feiner, er schlüsselt sie offensichtlich genauer auf und riecht auch solche Geruchsspuren noch sicher, die dem Menschen gar nicht bewußt werden. So nimmt der Hund Buttersäure in etwa millionenfach geringerer Konzentration wahr als der Mensch. Bei Essigsäure ist der Unterschiedsfaktor 100 Millionen. Die Nase des Hundes ist also der menschlichen weit überlegen. Worauf diese Überlegenheit beruht und welches Maß sie erreicht, ist Ziel weiterer Forschungen. Soweit die Wissenschaft!

Der Praktiker, der Erzieher und Ausbilder muß immer wieder daran denken, daß der Hund sich hauptsächlich mit dem Geruchssinn orientiert. Dieser „Leitsinn" ist schon beim Welpen entwickelt. – Der Mensch macht sich die enorme Riechfähigkeit der Hundenase zunutze. Ich denke an die Jagdhunde, die Hunde im Einsatz bei den Behörden (Fährten-, Drogen-, Leichen-, Sprengstoff- und Lawinensuchhunde) und an die vielen Sporthunde, die immer wieder auf Prüfungen bestechende Nasenleistungen zeigen. Die Möglichkeit der Ausbildung des Hundes in Verbindung mit seiner Nase soll nicht Hauptziel dieser Abhandlung sein. Vielmehr möchte ich, daß der Erzieher und Ausbilder seinen Hund besser verstehen lernt und das Tun des Hundes richtig einstuft und beurteilt.

Was „menschlich" falsch ist, ist „hundlich" vielmals richtig! Nach der menschlichen Hygiene ist es unschicklich, wenn der Hund seine Nase leidenschaftlich unter die gehobene Rute eines anderen Hundes steckt und intensiv an dessen Analbereich herumschnüffelt! Oder wenn er mit der Nase die „Häufchen" am Straßenrand ausdauernd beriecht und nur durch starkes Wegziehen davon abzubringen ist. Wie gern hebt der Rüde, nachdem er die Ecke des Nachbarhauses intensiv beschnuppert hat, sein Bein, um sie mit einem kräftigen, kurzen Harnstrahl gezielt „anzufeuchten".

Menschlich betrachtet, ist dies Verhalten unseres Hundes hygienisch nicht einzuordnen. Der Hund ist jedoch nicht ungezogen, sondern lebt in den aufgezeigten Fällen noch ganz in seiner Sinneswelt. Warum wir ihn an solchem Verhalten zu hindern versuchen, wird er nie begreifen.

Bereits beim Harn- und Kotabsetzen wird eine natürliche Funktion im Hundedasein ausgelöst: Unmittelbar am After des Hundes sitzen Drüsen, die Duftstoffe produzieren. Beim „Häufchenmachen" geben diese Analdrüsen ihren Duft ab, der speziell so abgestimmt ist, daß an ihm der Hund sein Gegenüber erkennen kann. Der Hund erfährt durch das Beriechen, ob das Häufchen von einem Freund oder Feind stammt.

Unser Hund will nach Heben des Beines mit seinem Harn – teilweise nur ein, zwei Tropfen – sein Gebiet markieren und damit demonstrieren: „Hier bin ich – hier ist mein Reich!" Also – hundlich richtig, menschlich nicht so angenehm. Hunde, die es nicht so machen wie geschildert, also brav und sauber sind, sind in Wirklichkeit verhaltensgestört. Dies zu erkennen fällt vielen Hundebesitzern schwer!

Das Riechbild des Hundes ist vielfältig. Er erkennt in der Natur die Duftnoten von Maus, Ratte, Wurm, Hase, Kaninchen und Reh, um nur einige zu nennen. Genauso erkennt er aber auch die persönliche Duftnote von „Frauchen". Immer aber der gleiche Vorgang: Beschnüffeln/beriechen – im Gehirn erinnern und, wenn angenehm, mit der Rute wedeln. Riecht der Hund jedoch etwas Unangenehmes, so kann der gute Beobachter es an seinem Hund erkennen: Beim Riechen stellen sich die Rückenhaare, oder ein ganz leises Knurren ist zu hören.

Die Leistungen, die der Hund mit seiner Nase vollbringt, sind für uns Menschen schwer vorstellbar und geben uns immer wieder Rätsel auf. Die Frage stellt sich, wie der Hund überhaupt sucht. Die Antwort dürfte interessant sein. Der Hund muß, um Gerüche „lesen" zu können, laufend Luft in die Nase aufnehmen und wieder ausstoßen. Er muß also, wie man so schön sagt, schnüffeln. Er muß es, weil Riechstoffe vom Hund nur wahrgenommen werden können, wenn sie übers Riechfeld seiner Nase streichen, also in Bewegung sind. Diesen Vorgang nennt man riechen.

Jeder kann die Probe aufs Exempel machen. Halten wir uns ein

21

Fläschchen Parfüm vor die Nase und stellen wir die Atmung durch die Nase ein, so werden wir den Duft nicht wahrnehmen, obwohl die Riechstoffe des Parfüms in der Nase sind. Erst wenn die Luft in Bewegung gebracht ist, also eingeatmet wird, kommen die Geruchskomponenten an den Ort, wo sie wahrgenommen werden, nämlich ans Riechfeld, und damit zum Vorschein.

Der Suchvorgang beim Hund geschieht wie folgt: Luft wird ausgestoßen, das gewollt Gesuchte wird mit der ausgestoßenen Luft leicht angefeuchtet – dadurch werden evtl. noch Riechstoffe freigelegt –, die ausgestoßene Luft wird, mit neuer Luft und den neuen Riechstoffen angereichert, vom Hund wieder eingeatmet. Diese angereicherte Luft streicht über das Riechfeld der Nase. Jetzt entstehen im Gehirn des Hundes Ideenverbindungen. Das enorme Geruchserinnerungsvermögen des Hundes ist ja allgemein bekannt.

Daß dieses intensive Schnüffeln für den Hund sehr anstrengend ist, zumal die angesaugte Luft noch erwärmt wird, leuchtet sicherlich ein. Intensive Nasenarbeit ist mithin für den Hund Schwerstarbeit.

Gesundheit des Hundes – Hüftgelenksdysplasie

Leider werden immer noch Hunde gezüchtet, die nicht lebensfähig oder, richtiger gesagt, krank sind. Es sind Hunde aus Rassen, die eine verminderte Lebenserwartung haben, d. h. sehr schwer und dazu auffallend anfällig für Herz- und Kreislaufschwäche sind, oder solche Hunde, die nicht mehr frei, unbekümmert und ausdauernd laufen und springen können. Ich will keine Rassen nennen; aber jeder Hundeliebhaber sollte vor dem Kauf immer nach solchen Mängeln fragen. Für eine einwandfreie Erziehung und Ausbildung eignen sich nur gesunde und lebensfähige Rassen. Zur Lebensfähigkeit des Hundes gehört insbesondere seine Bewegungsmöglichkeit. Für unsere Hunde, die von Natur aus Lauftiere sind, ob klein oder groß, dürfen Wander- und Laufleistungen des Menschen keine Hürde sein.

Auch das Traben am Fahrrad ist für einen durchtrainierten Hund keine Schwierigkeit. Der mittelgroße Hund kann gut und gerne, mit Pausen versteht sich, 20 Kilometer am Fahrrad traben. Auch Zwerghunde, wenn gesund gezüchtet, laufen ihre zehn Kilometer. Fahrradfahren ist zur Zeit „in"! Unser Hund will laufen – wenn er gesund ist. Es entspricht seiner natürlichen Veranlagung. Nur die vom Menschen verzüchteten Rassen können sich nicht mehr hinreichend bewegen und laufen. Hier hat der Mensch gesündigt und gegen den Tierschutzgedanken verstoßen!

Die Bewegungsabläufe des Hundes sind wissenschaftlich untersucht. Für mich faszinierend waren die von Prof. Eugen Seiferle, Schweiz, bereits 1956 anläßlich der Weltausstellung vorgetragenen Untersuchungsergebnisse. Seine mehrfach publizierten Ausarbeitungen sind leider noch zu wenig bekannt, denn wie könnten sonst heute noch Hunde gezüchtet werden, die nicht „laufen" können.

Die Vorwärtsbewegung beim Hund wird durch das abwechselnde Strecken und Anstemmen der Hinterläufe gegen den Boden ausgelöst und unterhalten, wobei der bodenwärts gerichtete Druck unter Streckung des Sprung-, Knie- und Hüftgelenks über das Becken auf die Wirbelsäule und damit den Rumpf übertragen und in einen Schub nach vorne umgewandelt wird. Bei jeder Vorwärtsbewegung gehen die Impulse und Schubkräfte von der Hinterhand aus. Gesunde Sprung-, Knie- und Hüftgelenke sind also Voraussetzung. Das ist leider nicht mehr immer der Fall. Viele Hunde, insbesondere die mittelgroßen und großen schweren Rassen, leiden unter der Hüftgelenksdysplasie.

Die Hüftgelenksdysplasie (HD) ist eine Erkrankung der Hüftgelenke. Während normalerweise der Oberschenkelkopf tief in der Gelenkpfanne des Beckens sitzt, passen beim fehlerhaften Gelenk die Gelenkflächen des Oberschenkelkopfes und der Gelenkpfanne nicht mehr einwandfrei zusammen. Der Oberschenkelkopf kann sogar vollständig aus der Gelenkpfanne verlagert sein. Die HD ist ein Erbleiden. Der Grad der Ausprägung kann durch Umweltgeschehen beeinflußbar sein. Eine Diagnose der HD ist nur röntgenologisch zu erstellen. Wir kennen HD 0 = keine HD / HD 1 = Grenzfall, fast normal / HD 2 = leichte HD / HD 3 = mittlere HD und HD 4 = schwere HD.

Die Diagnose kann erst ab einem bestimmten Mindestalter gestellt werden (1 Jahr, bei spätreifen Rassen 1½ Jahre). Bei einem Welpen ist die beschriebene Krankheit nicht erkennbar, und es sollte sich jeder Käufer beim Züchter erkundigen, ob die Elterntiere auf HD untersucht wurden und wenn, wie der Grad der HD ist, um später keine Enttäuschungen erleben zu müssen (so wie ich).

Eine Heilung der HD gibt es nicht. Die Behandlung kann bestenfalls Linderung bringen. Das Auftreten der HD muß von den Zuchtverbänden bekämpft werden. Erfolgt das nicht, breitet sie sich bei Hunden großer Rassen unkontrolliert aus. Mit Genugtuung kann ich feststellen, daß die Zuchtvereine, die dem Verband für das Deutsche Hundewesen angeschlossen sind, dem Rechnung tragen. Hunde mit HD werden aus der Zucht genommen.

In meiner Eigenschaft als Leiter einer staatlichen Hundeschule war ich in den Jahren vor 1975 mehrfach gezwungen, noch verhältnismäßig junge Diensthunde, die an HD erkrankt waren, einem Tierarzt zwecks Tötung zu überstellen. Wie bitter so etwas ist, kann nur der Hundefreund ermessen, der weiß, daß der Hund bis auf die Erkrankung der Hüftgelenke gesund ist. Klare Augen, die einen freudig anhimmeln, geistig voll da, gesunde Vorderhand, nur – die Hinterhand ist krank, und der Hund kann nicht mehr aufstehen und laufen. Bis HD 2 wird bei den meisten Vereinen noch für die Zucht zugelassen. Auch eignen sich Hunde mit leichter HD noch für die Ausbildung. Die Ausbildung und Verwendung eines solchen Hundes verstößt nicht gegen den Tierschutzgedanken.

Hat der Hund jedoch HD 3, so ist damit zu rechnen, daß dieser in einem Alter von sechs bis sieben Jahren nicht mehr laufen kann. Bei HD 4 ist die Lebenserwartung noch geringer. Der Hundefreund wundert sich z. B., wenn sein Hund sich mit einemmal nicht mehr setzen will! So z. B. bei einem älteren Diensthund geschehen. Bis zu seinem siebten Lebensjahr war alles in Ordnung, doch mit einemmal verweigerte er das entsprechende Kommando. Der Führer versuchte es mit einem leichten Druck auf die Hinterhand zu erreichen. Der Hund ließ es sich aber nicht gefallen, denn er hatte offenbar Schmerzen. Der Hund wurde geröntgt und dabei einseitig schwere HD festgestellt. Also: Nur gesunde und lebensfähige Hunde eignen sich für die Erziehung und Ausbildung, und wer möchte seinen Hund so früh verlieren.

Zwischenzeitlich werden natürlich bei der Polizei alle Hunde vor Ankauf auf Hüftgelenksdysplasie geröntgt. Doch wer wußte vor 25 Jahren schon etwas von dieser Krankheit.

Der Welpe –
Erbmasse und Prägung!

Wichtig zu wissen ist, woher der Welpe kommt! Haben Sie ihn aus einer Hundehandlung oder von einem Züchter gekauft? Ich bin gegen den Kauf in einer Hundehandlung, da die einzelnen Prägungsphasen nicht mehr nachvollzogen werden können und der Welpe schon Schaden in seinem Umweltbewußtsein genommen haben kann. Leider werden gerade die unüberlegten Spontankäufe über den Ladentisch getätigt. Unser Hund ist bzw. wird, ich muß es hier noch einmal klar und

Ein immer wieder gern gesehenes Bild. Jan-Eric, Björn und Steffen beim Spielen mit zwei Bouvier des Flandres, die zu den Gebrauchshunderassen gehören. So soll es sein! So wird es gewünscht und gefördert

25

deutlich herausstellen, ein Produkt seiner Erbmasse, seiner Umweltprägung, Erziehung und Ausbildung. Nur der Hund, bei dem die von mir aufgezeigten vier Eckpfeiler vorhanden sind, ist bei richtiger Behandlung „umweltfreundlich" – ja –, und „umweltfreundlich" muß in der heutigen Zeit der Motorisierung und Technisierung unser Hund sein!

Es lohnt sich, die beiden Begriffe „Erbmasse" und „Umweltprägung" noch ein wenig näher zu beleuchten. Vorweg sind noch zwei Fachausdrücke zu klären: Was verstehen wir unter Standard, und was verstehen wir unter einer Rasse?

Im Zusammenhang mit der Zucht verstehen wir unter Standard das gewünschte Qualitätsniveau der jeweiligen Rasse. Und eine Rasse ist vorhanden, wenn alle äußeren und inneren Merkmale konstant vererbt werden. In diesem Zusammenhang sei wiederholt, daß gerade der Hund sehr veränderungsfähig ist. Es ist verhältnismäßig einfach, eine neue Hunderasse zu züchten bzw. zu verändern. Die Veränderung kann erfolgen zum Vorteil, jedoch leider auch zum Nachteil der jeweiligen Rasse. Die Lebensfähigkeit einer Rasse unter Berücksichtigung des Tierschutzgedankens halte ich für die erste Pflicht der verantwortlichen Vereine.

Genauso wichtig wie die äußeren sind die inneren Merkmale. Beide sind bedingt durch die Erbmasse. Zu den inneren Merkmalen gehört insbesondere das „Wesen" des Hundes. „Wesen" möchte ich umschreiben mit „umweltfreundliche Veranlagung entsprechend der Nutzung der jeweiligen Rasse". – Es dürfte einleuchtend sein, daß scheue, ängstliche und nervöse Elterntiere für die Zucht nicht geeignet sind.

Also: Welpen nur von Züchtern kaufen, die mit „durchgezüchteten" umweltfreundlichen Elterntieren züchten. Durchgezüchtet bedeutet einwandfreie Vererbung der äußeren und inneren Merkmale der jeweiligen Rasse.

Umweltprägung: Ich bin der Meinung, daß bereits beim Werden der Welpen im Mutterleib die Umweltprägung mehr oder weniger beginnt. Alle meine Hündinnen lebten bei uns in der Familie. Immer wieder konnte ich beobachten, wie die Hündinnen, je näher der Wurftag kam, um so anhänglicher wurden und das Zusammenleben mit uns Menschen suchten. Sie hatten nur noch zwei Aufenthaltsorte: Entweder waren sie in der vorbereiteten Wurfkiste, oder sie befanden sich in der unmittelbaren Nähe meiner Frau bzw. waren bei mir. Das sonst übliche auch mal „Alleinsein" des Hundes kannten wir kurz vor der Geburt der Welpen nicht.

Nach der Geburt werden die Welpen mit der Umwelt konfrontiert, und es beginnt die eigentliche „Umweltprägung". Obwohl in den ersten Lebenswochen die Welpen überwiegend auf die Mutterhündin geprägt werden, halte ich die Betreuung der kleinen Welpen durch den Züchter gerade wegen der Prägung für wichtig. Der Züchter muß entsprechend dem Alter der Welpen diesen die Möglichkeit geben, sich den Mensch-Züchter „einzuprägen" und ihn zum Objekt ihrer natürlichen Anhänglichkeit zu machen. Nur Züchter, die Zeit haben für ihre Würfe, können so die Weichen richtig stellen!

Aufzuchtzwinger und Wohnung gehören auf ein Grundstück. Das ständige Sich-mit-den-Welpen-Beschäftigen ist eine wichtige Voraussetzung für den Werdegang des Hundes. Welpen, die satt sind und trotzdem freudig und spontan zum Züchter kommen und an Hose bzw. Rock zotteln, sind richtig geprägt.

Ein Züchter jedoch, der mit seiner „Sonntagshose" zu den Welpen in den Zwinger geht und so sauber, wie er hineinging, wieder herauskommt, hat nichts von Prägung gehört oder gelesen, denn bereits sehr früh prägt sich der Hund das „Freundbild Mensch" ein. Diese Phase sollte der Züchter nicht verpassen.

Also: Neben der guten Erbmasse ist die Umweltprägung, angefangen beim Züchter und fortgesetzt beim Besitzer, der zweite Eckpfeiler.

Äußerst wichtig ist es, dem Welpen, nachdem er ein neues Zuhause gefunden hat, nach und nach die fremde Umwelt zu zeigen, damit er Eindrücke sammeln und verarbeiten kann. „Umweltprägung" ist nämlich das Sammeln von Eindrücken der Umgebung. Das Gehirn des Hundes ist wie eine riesige Registratur, die alle neuen Eindrücke speichert.

Je mehr das Gehirn gefordert wird, desto mehr wird es speichern. Oder anders gesagt: Je mehr dem Hund gezeigt wird, je umweltgeprägter wird er. Der Besitzer, der seinen Hund nur im Zwinger hält, darf sich nicht wundern, wenn der Junghund umweltfremd wird und schon eine Mitnahme zur Stadt und erst recht zu einer Ausstellung für Besitzer und Hund zur Qual wird.

Eine einwandfreie Erbmasse und eine umsichtige Umweltprägung sind die Voraussetzungen für die richtige Erziehung und Ausbildung.

Wie lernt der Hund?

Die Verständigung zwischen Mensch und Hund

Die Menschen in weniger kultivierten Gegenden und Staaten leben teilweise noch sehr primitiv und sind in ihren Anschauungen über die Grenzen zwischen Mensch und Tier so tief verwurzelt, daß sie das Unrecht, das an den Tieren begangen wird, nicht zu erkennen vermögen. Eine Verständigung zwischen Mensch und Tier ist aber nur möglich, wenn der Mensch eingesehen hat, daß der Schöpfer nicht nur ihn, sondern auch das Tier geschaffen hat, und daß der Mensch mit seinem hochentwickelten Verstand die sittliche und moralische Pflicht hat, den Schöpfer im Geschöpf zu ehren und zu respektieren.

Um das zu begreifen, muß der Mensch bemüht sein, Einblick in das Wesen des Tieres zu nehmen. Verständigung zwischen Mensch und Tier also und, auf unsere Arbeit angewandt, zwischen Mensch und Hund. Verständigen kommt vom Verstehen her. Wenn ich jemand verstehen will, muß ich das, was der andere im Wortlaut der Sprache, in seiner Mimik oder mit Gesten klarmachen will, geistig in mich aufnehmen und verarbeiten; das im engeren Sinne. Im weiteren bedeutet Verständigung mehr: Verständigung ist dann Gleichklang, Einigung auf einem bestimmten Gebiet.

Von beiden Begriffen soll hier die Rede sein. Schicken wir aus Zweckmäßigkeitsgründen die Verständigung voraus. Zwischen dem Menschen und seinem Hund soll sie herbeigeführt werden. Ich kann mich mit einem Menschen nur verständigen, wenn ich ihn achte und seine Ansichten teile oder zumindest verstehe; mit meinem Hund oder besser gesagt, er mit mir, wenn wir uns lieben und eine Zweck-Gemeinschaft bilden. Wir müssen uns zunächst kennenlernen. Der Hund ist ein Gemeinschaftstier, genau ausgedrückt kein Haus-, sondern ein an den „Obermann" im Rudel gewöhntes Tier, für das der Mensch jetzt „Obermann" wird. Der Hund schließt sich fest an den Menschen an, denn dieser bietet ihm Schutz und Ernährung. Der Hund lernt oft seinen Besitzer erst kennen, wenn er schon älter ist. Wurde er als Welpe vom Menschen auf- und großgezogen, ist die Verständigung,

Übungsbetrieb beim Polizeihundesportverein Alstertal/Hamburg. Während einer Pause dürfen die Hunde sich frei entscheiden. „Setzen", „Stehen" oder „Legen" stehen zur Auswahl. Auch bei den Gruppenübungen darf unser Hund nicht zur Maschine degradiert werden

sofern die Behandlung des Tieres gut und richtig war, von vornherein vorhanden. Nicht so, wenn der Hund, so wie bei uns im Polizeidienst, erst im verständigen Alter zu uns kommt und schon eine „Persönlichkeit" ist. Seine Miene und sein ganzes Wesen zeigen dann gegenüber dem neuen Brotgeber Ablehnung und Gleichgültigkeit. Sehr oft leidet unser neuer vierbeiniger Freund noch an Heimweh. Er tastet den Menschen, der sich ihm jetzt nähert, gewissermaßen ab. Sein ganzes Wesen fragt: „Wer bist du, Mensch?" Es liegt nur bei dir, Mensch, die goldene Brücke zu bauen. Hast du viel Liebe, Verständnis und Geduld, wird dir das bald gelingen. Eines hat der Hund in sittlicher und moralischer Hinsicht dem Menschen voraus: Er ist ohne Falschheit, Tücke oder Hinterlist. Der Hund kann sich nicht verstellen. Er lebt jenseits von „Gut und Böse" und hat keine Maske vor dem Gesicht wie der Mensch, der sich Gott am ähnlichsten wähnt und oft sehr weit davon entfernt ist.

Unser Hund lebt noch weitgehend natürlich; sein Streben ist darauf gerichtet, sich und seine Art zu erhalten. Er wird von seinen Naturtrieben beherrscht, die da sind Schutz, Ernährung und Vermehrung. Im tiefsten Innern schlummern sie ja auch bei uns Menschen mit der gleichen Allgewalt, nur sind sie durch die Tünche der menschlichen Gesellschaftsordnung, durch Sitte und Moral überdeckt. Sobald infolge tödlicher Gefahr dieser Anstrich fällt, ähnelt der Mensch in seinem Verhalten oft wieder dem Raubtier. Wir können das nicht nur beim Ausbruch einer Panik, sondern auch vielfach bei triebbedingten Taten feststellen.

Der Mensch hat seinen Verstand und seine Vernunft, die Einsicht in sein Tun, der Hund nur seine Urtriebe, die ihm logisches Denken nicht ermöglichen. Der Hund ist ein Egoist, und zwar ein absoluter, wie auch wir Menschen Egoisten sind, nur daß bei uns wiederum Ethik und Moral sowie die Rechtsordnung als Grundlage eines menschlichen Gemeinschaftslebens, ohne die kein Staat existieren kann, den Egoismus in Grenzen halten. Der Hund kann seine egoistischen Triebe nicht verstecken. Es liegt wiederum bei uns Menschen, sie in die Bahnen zu lenken, die wir in unserem und in seinem Interesse für richtig halten.

Wie können wir aber unseren Hund oder wie kann dieser uns verstehen? Wir haben unsere klangreiche und vielseitige Menschensprache. Der Hund hat seine „Hundesprache", die wir zunächst nicht erfassen. Wohl versuchen wir, sie zu deuten. Nun, der Mensch, der seinen Hund liebt, ihn studiert hat und sich Mühe gibt, in sein Innenleben einzudringen, kann sehr wohl begreifen, was er mit seinem Standlaut, mit seinem Verbellen, Winseln oder Klagen oder mit seinen Körperbewegungen zum Ausdruck bringen will. Es liegt in den Lauten und Bewegungen eine ganze Skala von Gefühlen, von Liebe und Freude, Haß, Wut und Ablehnung, Eifersucht, Mißstimmung oder gar Stolz.

Beobachten wir beispielsweise nur einmal unseren Hund, der einem verhaßten Nebenbuhler, mit dem er schon manche Fehde in Gestalt einer wütenden Beißerei ausgetragen hat, auflauert, wie er sich niederduckt und sich anschleicht, um über ihn herzufallen. Sein ganzer Urtrieb, wie er ihn vor langer Zeit von seinem Ahnherren, dem Wolf, übernommen hat, liegt darin. Hören wir unseren vierbeinigen Freund vor Enttäuschung und Schmerz winseln oder klagen, wenn er bei einem Ausgang seines Besitzers nicht mitkommen darf. Es brauchen gar keine Laute zu sein, mit denen er sich uns verständlich machen will. Beobachten wir nur seine Mimik oder sein gedrücktes, mitfühlendes Wesen, wenn er merkt, daß sein menschlicher Freund seelischen

Kummer hat. Welch tiefe Anteilnahme liegt darin, wenn er, unser vierbeiniger Freund, gedrückt angeschlichen kommt und seinen Kopf still auf unser Knie legt, als wollte er sagen: „Sieh hierher, ich, dein bester Freund, bin doch bei dir!"

Sage keiner, der in solchen Augenblicken in die hingebungsvolle Tiefe von Hundeaugen geblickt hat, daß der Hund keine Seele hat. Ich selbst habe mehrere Jahre in der Umgebung von Lübeck als Einzelbeamter Dienst mit meinem Hund verrichtet. Es war 1946/47, die schlechte Zeit. Wir haben uns in vielen gefährlichen Lagen befunden, und ich werde nie die kampflustigen, treuen Augen meines Hundes vergessen, wenn wir uns in brenzligen Situationen, z. B. bei großen Schlägereien, befanden.

Vor jedem Einschreiten sagten mir seine Blicke: „Keine Angst, laß sie nur kommen, wir schaffen es schon." Und wir haben es geschafft. Eine solche Bindung zwischen Hundebesitzer und Hund, in der beide buchstäblich zusammengewachsen sind, läßt sich dann auch nur unter großer Gefühlsbewegung trennen, wenn der unvermeidliche Zeitpunkt dafür gekommen ist. Es ist, als wenn jemand aus der Familie stirbt.

Wir glauben, unseren Hund zu verstehen. Wie ist es aber umgekehrt? Daß der Hund ein vortrefflicher Beobachter ist und uns schnell und richtig einschätzt, habe ich bereits ausgeführt; aber kann er unsere Sprache verstehen? Darauf gibt es eine klare und eindeutige Antwort: „Nein, das kann er nicht!" Sofern wir ihn in einer längeren Rede mit gleichmäßigem Tonfall, ohne Steigen und Fallen der Stimme, ansprechen, muß er verständnislos bleiben, weil er ja keinen Menschenverstand hat, die Sprache nicht begreifen und auch nicht logisch denken kann. Wir können ihm also beispielsweise eine lange Predigt mit vielen Schimpfwörtern in gleichmäßig dahinplätscherndem Tonfall halten und dabei die Erfahrung machen, daß er freudig mit der Rute wedelt, anstatt sich schuldbewußt zur Erde zu ducken.

Wohl kann der Hund aufgrund seiner natürlichen Veranlagung und vermöge seiner guten Beobachtungsgabe aus dem Tonfall, ob böse oder freundlich, und aus unserer Miene erkennen, ob wir ärgerlich oder freudig gestimmt sind. Über den „Barometerstand" seines Herrn ist er dann sofort im Bilde. An sich ist jeder Hund schon erfreut, wenn sein Brötchengeber sich mit ihm unterhält. Der Hund möchte, daß sein menschlicher Freund sich mit ihm beschäftigt, mit ihm spielt, spricht, ihn streichelt und verwöhnt, denn er ist ja Egoist und damit bestrebt, daß es ihm gutgeht. Es kann ihm nie über werden, aber verstanden hat er den Sinn des Gespräches nicht.

Wie aber kann ich mich ausdrücken und mich verhalten, damit mein Hund mich versteht? Das kann ich nur erreichen, wenn ich mehrere Sinne des Hundes anspreche, denn dann lernt er rein gedächtnismäßig durch Verknüpfen. Es müssen mindestens zwei Sinne sein, die ich bei ihm in Anspruch nehme. Ich kann es mir hier versagen, auf die Lehrmethode des Ansprechens der Sinne beim Hund in längeren Ausführungen einzugehen, da der Lehrvorgang an anderer Stelle erklärt wird. Vorab möchte ich aber die Behauptung mancher Hundefreunde widerlegen, ihr Hund habe „Menschenverstand". Beliebt ist ja dafür das Beispiel: „Mein Hund ist so klug, er bringt mir abends die Pantoffel!" Gehen wir der Sache also auf den Grund: „Herrchen" kommt abends nach Hause, ist müde, gähnt und zieht sich die Schuhe aus. Eines Tages kommt „Axel", „Arga" oder „Biene" aus Spielerei oder dem vielen Hunden eigentümlichen Hang zum Apportieren seinem Herrn zuvor, nimmt die Pantoffel auf und stolziert damit durch die Stube. Herrchen, über den Anblick belustigt oder erfreut, lobt seinen Vierbeiner, lockt ihn heran und nimmt ihm die Pantoffel aus dem Fang, indem er ihn liebkost und anerkennende Worte wie „Ei, was ist er brav" oder „So ist's brav" spricht.

Als krasser Egoist möchte der Hund sich diese Annehmlichkeiten des Gelobtwerdens wieder verschaffen, möchte Aufmerksamkeit erreichen und im Mittelpunkt stehen. Eines Tages bringt er die Pantoffel dann allein. Herrchen glaubt an ein Wunder, dabei ging alles auf natürlichem Wege vonstatten.

Um dem Hund unsere Wünsche verständlich zu machen, bedarf es einer für ihn erkennbaren Unterscheidung unserer Stimmlage. Wir nennen sie Lautzeichen, die klar und für ihn deutlich vernehmbar ausgesprochen werden müssen. Wenn der Hund erst richtig verknüpft hat, genügt schon ein indirektes oder stellvertretendes Zeichen, wie z. B. das Flüstern eines Lautzeichens, ein Wink mit der Hand oder eine entsprechende Körperbewegung.

Wir kennen im Umgang mit unserem vierbeinigen Freund nun verschiedene Lautzeichen, seien es lobende, warnende, strafende, aufmunternde oder bittende. Sie unterscheiden sich im Tonfall. Ein lobendes Kommando ist z. B. das „Steh!", ein warnendes das „Bleib da!". Es wird langgedehnt ausgesprochen. Das strafende Lautzeichen ist „Pfui!". Es muß kurz und energisch ausgesprochen werden und wirken wie ein Pistolenschuß. Ein aufmunterndes Kommando, das hell gesprochen werden soll, ist „Lauf, lauf!". Der Hund wird damit zum Spielen aufgefordert und vorausgeschickt. Schließlich noch das anfeuernde Lautzeichen. Es liegt im „Voran-n!" oder „Paß auf!". Beim letzteren liegt die Betonung im Zischlaut.

Sämtliche Lautzeichen müssen, besonders im Anfang, wenn der Hund verknüpfen soll, von entsprechenden Bewegungen des Erziehers begleitet werden. Gleich dem guten Schauspieler, der sein Publikum mit seiner Mimik unterhalten, fesseln und unter Umständen zu Tränen rühren kann, muß der Erzieher sich seinem Hund verständlich und interessant machen.

Die Hände des Hundefreundes sind gewissermaßen die Verständigungskette zwischen dem Menschen und seinem Hund, daneben ist es die Sprache, die der Mensch in ihrer Vielseitigkeit so variieren kann, daß sie wie lindernder Balsam, notwendigenfalls wie eine körperliche Züchtigung wirken kann. Ein pädagogisches Schlagwort ist ja die Redensart: „Wie sag' ich es meinem Kinde?" Nun, wandeln wir es um. „Wie sage ich es meinem Hunde?" In unseren alten Sprichwörtern ist ja viel Volks- und Lebensweisheit verankert. Eines davon sagt: „Der Ton macht die Musik." Und das gilt ganz besonders bei den Lautzeichen des Menschen für seinen Hund.

Soll ich meine Ausführungen über die Verständigung zwischen Mensch und Hund in wenigen Worten zusammenfassen, so muß ich sagen, daß das ganze Verhältnis und die gesamte Arbeit auf der Grundlage des gegenseitigen Verstehens beruht. Verstehen kann ich aber nur, wenn ich mir Mühe gebe, in die tiefen Zusammenhänge des Tierwesens einzudringen.

Lob und Strafe zur rechten Zeit

Die heutige Erziehung und Ausbildung des Hundes beruhen auf psychologischer Grundlage. Bevor ich auf den Kern des Themas eingehe, möchte ich feststellen, daß das Wort Psychologie bei den meisten Hundehaltern keinen besonderen Eindruck hinterläßt. Verschiedentlich einmal davon gehört, aber nicht darüber nachgedacht, hat wohl schon jeder von ihnen.

Die meisten bringen das Wort „Psychologie" nur mit dem Menschen in einen gewissen Zusammenhang. Wir kennen aber auch die Tierpsychologie.

Psychologie (griechisch) heißt Seelenkunde, ist also die Wissenschaft vom seelischen Leben. Das dürfte nicht neu sein. Beim Nachlesen fand ich, daß man als Seele das individuelle Innere eines Geschöpfes bezeichnet. Gelehrt wird weiter, daß das seelische Leben erforscht wird durch Selbstbeobachtung, Deutung des mittelbaren seelischen Ausdrucks und durch experimentelle, d. h. besonders durchdachte Aufgabenstellungen (z. B. bei Tests).

Das letztere läßt sich auch auf die Ausbildung unseres Hundes übertragen. Viel haben wir von der Abstammung und über das Wesen des Hundes gehört. Es ist auch außerordentlich wichtig, denn bevor der Mensch seinen Hund nicht einwandfrei zu erkennen versteht, ist jede Ausbildung zwecklos. An dieser Stelle möchte ich einen wichtigen Leitsatz wiedergeben, den sich jeder Besitzer vor der Ausbildung seines Hundes unbedingt einprägen sollte: *Der Ausbilder muß zunächst auf die Sinne des Hundes einzuwirken trachten, Lustgefühle erregen und sich dann das hochentwickelte Gedächtnis des Hundes zunutze machen, um Ideenverbindungen zu schaffen, die in dem Gehirn des Hundes direkte Zusammenhänge zwischen einer großen Annehmlichkeit und einer bedeutend kleineren Unannehmlichkeit herstellen (verknüpfen).*

Das vom Hund bei der Erziehung und Ausbildung Geforderte läuft meistens seiner Interessenwelt zuwider. Er handelt immer triebmäßig und ist auf seinen Vorteil bedacht. Es gilt daher, ihn zu überlisten. Dem Hund muß der Vorteil angeboten und er selbst vor die Wahl zwischen einer großen Annehmlichkeit und einer kleineren Unannehmlichkeit gestellt werden.

Zunächst ist noch folgendes vorauszuschicken: Hunde haben, gleich den Menschen, fünf Sinne, nur daß bei ihnen diese in anderer Reihenfolge rangieren, nämlich: Geruch, Gehör, Gefühl, Gesicht und Geschmack. Der Hund lernt, wie schon geschrieben, rein gedächtnismäßig durch Verknüpfen der Sinne, von denen bei einer Übung immer mehrere, mindestens zwei, vom Ausbilder angesprochen werden müssen. Eine Übung muß in diesem Zusammenhang so oft wiederholt werden, bis sie in dem Gedächtnis des Hundes haftet. Die große Kunst des Ausbilders besteht darin, in dem Hund gleichzeitig Lustgefühl zu erwecken, ihn also freudig zu stimmen, um in diesem Zusammenhang Ideenverbindungen in seinem Gehirn herzustellen. Der Hund soll alle Übungen freudig ausführen.

Wissen muß der Erzieher und Ausbilder weiter, daß der Hund sich vollkommen offenbart. Der Hund kann nicht logisch denken. Er lebt in seiner Welt, und das, was er macht, macht er instinktgemäß zu seinem Vorteil. Wir dürfen nicht vom Hund erwarten, daß er menschlich denkt. Nein, wir müssen versuchen, ich darf es wohl immer wieder sagen, bei der Ausbildung hundlich zu denken. Wollen wir doch mit Hilfe unseres Menschenverstandes den Hund erziehen und ausbilden.

Richtige Erziehung und Ausbildung bedeutet alles. Hierbei soll der Mensch als Gefährte des Hundes diesem alles bieten, ihn füttern, mit ihm spielen, ihn aufmuntern, nicht nur ein Abhängigkeitsverhältnis, sondern eine unzertrennliche Freundschaft herstellen. Ist das einmal geschehen, stehen der Ausbildung keinerlei Schwierigkeiten mehr im Wege. Hat der Hund den Menschen als seinen Gefährten anerkannt, macht er bei richtiger Anleitung alles, was dieser von ihm will. Ja – der freudige Hund will sogar arbeiten, und es fällt ihm nicht schwer, etwas zu lernen. Der Mensch darf aber von einem Hund nur das verlangen, was dieser entsprechend seiner natürlichen Veranlagung ausführen kann.

Liebe, Vertrauen und psychologisches Erkennen, ein darauf aufbauendes Handeln sowie viel Geduld sind heutige Grundpfeiler der Ausbildung. Von entscheidender Wichtigkeit bei der Erziehung und Ausbildung ist das richtige Loben und Strafen. Das Loben muß für den Hund angenehm, das Strafen unangenehm sein. Hier kennen wir zwei Lautzeichen, die wir immer wieder gebrauchen werden.

Das lobende Lautzeichen: „So ist's brav!"
    hoch, lobend und lang gesprochen, so gesprochen, als wenn der Mensch mit einem Kleinkind spricht.
Das strafende Lautzeichen: „Pfuiiii!"
    drohend und energisch gesprochen. Dieses Lautzeichen muß sich wie ein Pistolenschuß anhören.

Das lobende Lautzeichen verbinden wir mit Liebkosungen, indem wir unseren Hund streicheln oder tätscheln. Das strafende Lautzeichen wird mit einem leichten Klaps, einem Schlag mit einer Gerte oder einem Ruck an der Halsung verbunden. In beiden Fällen sprechen wir zwei Sinne des Hundes an. Durch die Lautzeichen das Gehör, und durch die entsprechenden Liebkosungen bzw. die für den Hund unangenehmen Gesten, wie Schlagen mit einer Gerte oder einen Ruck an der Halsung, das Gefühl.

Diese beiden Einwirkungen, ob gut oder böse, vermag der Hund leicht zu unterscheiden, und er wird sie sehr bald in seinem Gedächtnis

35

verknüpfen und Loben und Strafen auseinanderhalten. Rasch wird er erkennen, daß Loben angenehm und Strafen unangenehm ist. Wichtig ist aber, daß der Hund immer zum richtigen Zeitpunkt gelobt bzw. gestraft wird.

Ein Beispiel: Ein Hund ist durch falsche Behandlung verdorben und handscheu geworden (leider sind sehr viele Hunde handscheu). Wie kam es dazu?

Der Hund war fortgelaufen, hatte vielleicht als Nasentier eine Wildfährte aufgenommen, und der natürliche Jagdtrieb war durchgebrochen. Hundlich gesehen ein ganz natürliches Verhalten. Alles Rufen des Menschen war vergebens. Nach einer gewissen Zeit kam der Hund zurück und wurde von seinem „Gefährten" gestraft (weil er fortgelaufen war). Dieser Vorgang wiederholte sich, und siehe da, der zurückkehrende Hund blieb bereits zehn Meter vor seinem Gefährten stehen und wollte nicht näher kommen. Jetzt versuchte der Mensch es mit Liebkosungen wie: „Hier – so ist's brav – Axel!" und Axel kam . . . und wurde bestraft. Beim dritten Mal mußte der Mensch schon alle Register seines Könnens ziehen, um seines Hundes wieder habhaft zu werden. Warum? Der Hund hatte inzwischen liebkosendes Locken mit Strafe verknüpft. Er ahnte bei den Liebkosungen seines Herrn bereits die Schläge, denen er sich nicht mehr durch Näherkommen aussetzen mochte.

Der Hund hatte ohne Zweifel etwas Verbotenes gemacht. Er sollte ja nicht fortlaufen und wildern. Doch mit dieser hier beschriebenen Methode verhindern wir das nicht; wir erreichen eher das Gegenteil. Für den Hund war die natürliche Handlung „Wildern" abgeschlossen, und er kam freudig zum Menschen zurück. Jetzt wurde er gestraft. Weil er nicht logisch denken kann, bedeutete für ihn jetzt Kommen gleich Strafen. Eine Verbindung vom Wildern zum Strafen konnte der Hund hier nicht herstellen.

Für das Kommen soll der Hund nie gestraft werden! Grundsätzlich wird er beim Kommen gelobt. Wir wollen doch das natürliche Anhänglichkeitsverhältnis unter keinen Umständen trüben. Wir müssen unserem Hund hier anders beikommen. Merken wir uns, daß der Hund nur während oder unmittelbar nach der unerwünschten Tat gestraft wird. Der gute Ausbilder sieht bereits das verbotene „Wollen" seines Hundes und greift ein.

Neigt unser Hund zum Wildern, so beobachten wir ihn, und wenn er fortlaufen will, so wirken wir richtig auf ihn ein durch das Lautzeichen

„Pfui"! und den gleichzeitigen Streich mit einer Gerte. So haben wir den Versuch des Wilderns unangenehm gemacht. Aber die Annehmlichkeit jetzt nicht vergessen, denn der Hund soll ja wählen: Also viel Lob und Liebkosung, wenn er nach dem Strafen bei uns bleibt.

Die große Annehmlichkeit für den Hund muß die Nähe des Menschen sein. Auch die Wurfkette kann uns dabei nützen. Entfernt sich der Hund einige Schritte von uns, so trifft ihn die Wurfkette (Klirren = Gehör und Getroffenwerden = Gefühl). Beachten Sie bitte meine Abhandlung darüber auf Seite 91. Fortlaufen ist also unangenehm und das Bleiben beim Menschen angenehm für den Hund.

Noch eine andere Möglichkeit. Nehmen wir unseren Hund an eine zehn Meter lange Leine. Will er jetzt ausbrechen zum Wildern, so kann er nur zehn Meter laufen und bekommt dann einen kräftigen Ruck über die Halsung, gleichzeitig das Lautzeichen „Pfui!". Ehe der Hund sich versehen hat, wird er auch schon gerufen und gelockt. Jetzt wird sein Kommen belohnt, er wird viel gelobt.

Der Hund darf nur gestraft werden, wenn er wirklich Strafe verdient hat. Das Loben muß immer im Vordergrund stehen. Ein Hund kann nie zuviel gelobt werden.

Zu meinen Lehrgangsteilnehmern sagte ich immer, daß wir bei der Ausbildung des Hundes eine gute und eine strafende Hand haben. Die linke Hand ist die gute Hand. Mit dieser wird der Hund gestreichelt und geliebt. Niemals mit dieser Hand zum Schlag ausholen. Die linke Hand soll doch später bei der „Freifolge" die Verbindung zwischen Mensch und Hund sein. Zur linken Hand darf das Vertrauen nie getrübt werden. Freudig soll unser Hund kommen und die linke Hand suchen, und richtig ist es, wenn er mit seiner kalten Nase unsere linke Hand berührt. Mit der rechten Hand wird der Hund indirekt gestraft. Entweder mit einer Gerte oder mittels der Führleine, indem der Hund über die Führleine einen kurzen Ruck an der Halsung bekommt. Merken Sie sich also, die Führleine gehört bei der Ausbildung in die rechte Hand.

Bedenken muß der Erzieher und Ausbilder aber, daß der Hund autoritär behandelt und erzogen werden will! Das bedeutet nicht etwa Züchtigung, sondern ganz einfach die konsequente Erziehung und Ausbildung. Schon der drei bis acht Monate alte Welpe/Junghund muß wissen, wem er zu gehorchen hat.

Stellen wir also fest:
– der Hund lernt rein gedächtnismäßig durch Verknüpfen, und

– der Hund ist nicht in der Lage, logisch zu denken und entsprechend zu handeln.

Das gedächtnismäßige Verknüpfen hängt sicherlich sehr eng mit dem Lernen zusammen. An etwas erinnern kann sich der Hund nur, wen er richtig verknüpft, also „gespeichert" hat. Ich vergleiche das Gehirn des Hundes gern mit einem Computer. Es muß in ihn alles eingegeben werden. Beim Computer genügt allerdings ein einmaliges Eingeben, beim Hund jedoch nicht. Bei ihm muß das Eingeben der einzelnen Übungen solange wiederholt werden, bis er verknüpft hat. Die Daten (Tonfall – Begleitbewegung – Gefühl – Geschmack – Gerüche) werden im Gehirn gespeichert.

Die Veranlagung eines Hundes spielt hier auch eine Rolle. Einige verknüpfen leicht und schnell, andere dagegen sind nur schwer zu bewegen, im Gehirn Verknüpfungen – Lernvorgänge – vorzunehmen. Dies zu wissen ist für den Menschen wichtig, und nur Geduld und nochmals Geduld kann zum Ziel führen. Je mehr sich der Mensch mit seinem Hund beschäftigt, desto mehr wird dieser gedächtnismäßig erfassen, also verknüpfen lernen!

Das ist auch nur zu verständlich, denn beim täglichen Zusammenleben wird der Hund durch konsequente Anwendung der praktischen Erziehungs- und Ausbildungsmethoden zum Verknüpfen und somit zum Lernen gezwungen. Ich will Hunden keine menschlichen Verhaltensweisen zurechnen, bin aber der Meinung – und viele praktische Begebenheiten bestätigen es immer wieder –, daß das Verknüpfen in Phasen geschieht: Erfassen – Behalten – Erinnern!

Das Erfassen einer Übung oder einer bestimmten Handlung – die wir uns vom Hund wünschen – ist ihm sicherlich schnell möglich.

Das Behalten ist nur nach langer und intensiver, sich immer wiederholender richtiger Erziehungs- und Ausbildungsmethode möglich.

Für *das Erinnern* ist immer ein Anstoß – Lautzeichen, Sichtzeichen –, d. h. eine Einwirkung auf Gehör oder Auge, erforderlich. Der Hund erinnert sich auch selbständig, wenn er bestimmte Geräusche hört oder etwas mit dem Auge wahrnimmt.

38

Die Erziehung:
Vom Welpen zum Junghund

Vorbereitungen – Die Erstausstattung

Mit dem Kauf eines Hundes wird zugleich die Anschaffung der „Erstausstattung" erforderlich. Der Welpe wird überwiegend vom Züchter „nackt" übergeben. Nur wenige liefern Halsung und Leine mit.

Es ist schwer, etwas über die Beschaffenheit der „Erstausstattung" zu schreiben, denn sie muß zum Welpen passen. Fragen Sie beim Züchter oder Fachhandel nach. Je nach Rasse und Größe des Hundes muß der Kauf getätigt werden.

Zur „Grund-Ausstattung" gehört ein Lederhalsband sowie eine Führkette. Dazu kommt je eine standfeste Futter- und Wasserschüssel. Kamm und Bürste gehören ebenfalls dazu und dürfen nicht vergessen werden.

Jeder Welpe will – genau wie kleine Kinder – spielen. Unsere Jule z. B., am 5. 7. 1991 geboren und Mitte September in unsere Gemeinschaft aufgenommen, hat intensiv und ausdauernd mit „Stofftieren" gespielt.

Sogar unsere 13jährige Auguste wurde durch den Familienzuwachs wieder jung und versuchte ein Spielchen.

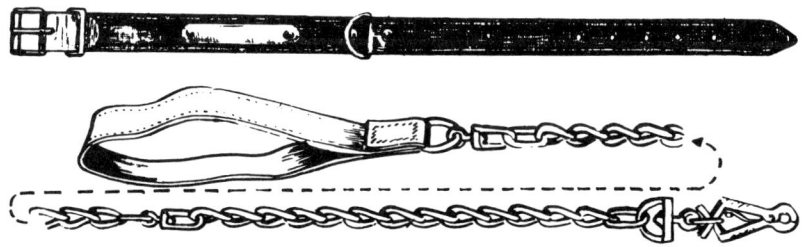

Oben: Die Halsung für einen Welpen. – Unten: Führkette für einen Welpen mit Lederschlaufe, Scherenhaken und drei Drehwirbeln

39

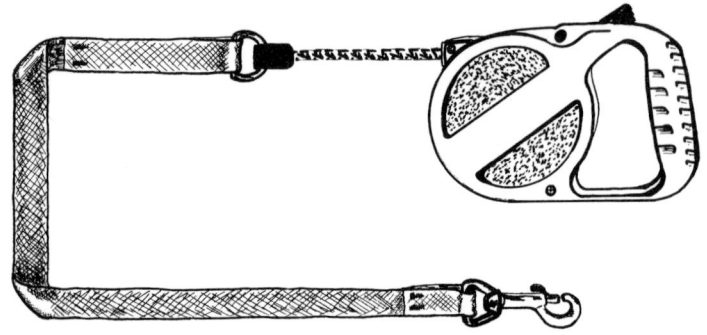

Die Flexi-Abroll-Leine wird in guten Fachgeschäften und Versandhäusern in drei Größen angeboten. Für junge und kleine, für mittelgroße und für große und kräftige Hunde. Die „Abroll-Leine" ermöglicht einen größeren Freiraum beim täglichen „Auslauf des Hundes" und beim „Spazierengehen" mit dem Hund. Die Länge einer Leine beträgt 5 bzw. 8 Meter. Jede Leine ist mit einer praktischen Schnellstop-Bremse und Dauerstop-Einrichtung ausgestattet

Jeder Welpe will (und muß) kauen! Es ist nur zu natürlich, denn die ersten Zähne drücken im Kiefer und bereiten Schmerzen. Ein Kleinkind benutzt einen Kauring.

Damit der Welpe nicht an Wohnungseinrichtungsgegenständen kaut bzw. nagt, muß er etwas zum Kauen haben. Ich empfehle z. B. Büffelhautknochen, die in unterschiedlichen Formen im Handel angeboten werden. Sind diese Knochen weichgekaut, können sie verzehrt werden.

Alle von uns großgezogenen Welpen erhielten täglich ihren Pappkarton, der nur geleimt, jedoch keinesfalls geheftet sein darf. Je nach Alter und Kraft des Welpen war der Karton innerhalb kurzer Zeit zerfetzt. Jeder Karton ist wieder ein Erlebnis für den Welpen!

Sehr nützlich halte ich auch die „Abroll-Leine", die in drei Stärken und zwei Längen (5 und 8 Meter) angeboten wird. Die „Abroll-Leine" ermöglicht einen größeren Freiraum beim täglichen „Auslauf des Hundes" und bei Spaziergängen.

Der Welpe kommt ins Haus

Unser kleiner „Zögling" hat seine Mutter und die damit verbundene Nestwärme verloren. Er befindet sich mit einemmal in einer anderen Welt. Eine große Umstellung für den kleinen „Kerl"!

Der Welpe kommt zum Menschen in der sogenannten Prägungs- und

Sozialphase, die von der vierten bis zur 12. Woche (etwa) dauert. In dieser Zeitspanne ist die Lernfähigkeit des Welpen besonders groß. Er wird bei richtiger Behandlung viele Eindrücke aufnehmen, die er nie vergißt. Seine natürliche Neugier wird immer stärker. Er fängt an, seine Umgebung zu erforschen. Auch das Sozialverhalten des Welpen (etwa 8. bis 9. Woche) ist schon geprägt. Im Rudel beginnen die ersten natürlichen Rangkämpfe.

Während dieser Phase ist die beste Zeit, den Welpen von der Mutter und den Geschwistern zu trennen und in sein neues „Mensch/Hund-Rudel" einzugewöhnen. Der Welpe ist soweit entwickelt, daß er den Menschen und die neue Umgebung erkennt und sich einprägt.

Auch die natürliche Anhänglichkeit, die bis zur „Wegnahme" von der Mutter dieser galt, wird in dieser Phase zum Menschen übertragen. Die geistige Reife ist zusätzlich schon soweit vorhanden, daß mit der Erziehung, mit Lob und Tadel, spielend begonnen werden kann.

Ein gutes Lager, der Größe des Hundes entsprechend, d. h., der Hund muß sich auf seinem Lager ausstrecken können, muß vorbereitet sein.

Dieses Lager, eine Kiste, ein Hundekorb oder eine Pritsche, muß so gestellt werden, daß weder Feuchtigkeit, Kälte noch Zugluft dem neuen Hausgenossen schaden können.

Am besten steht das Lager unter einem Tisch. Meinen wir es mit dem kleinen Welpen aber noch besser, dann beschaffen wir für ihn ein überdachtes Lager. So etwa war auch die Unterkunft beim Züchter. Die Zuchthündinnen befinden sich doch meistens mit den Welpen in einer Wurfkiste.

Als Unterlage für den kleinen Hund dient eine Decke. Besser wäre Stroh, denn Stroh wärmt und reinigt zugleich. Doch wer will Stroh in seiner Wohnung haben.

Damit der Welpe seinen Platz gleich mit etwas Angenehmem verbindet, stellen wir eine Schüssel mit seinem ersten Fressen in unmittelbare Nähe des Lagers.

Fressen und ein ordentliches Lager sind Annehmlichkeiten für den Welpen, und er wird sich wohl fühlen.

Rufen müssen wir den kleinen Hund vom ersten Tag an mit seinem Namen. Sehr schnell wird er mit Hilfe seines Verstandes wissen, daß er gemeint ist.

Unser Hund, unser Welpe, gehört zum Menschen, zur Familie. Natürlich gibt es Situationen, die es erforderlich machen, den Hund für einige Zeit „wegzuschließen". Dagegen ist im Prinzip nichts einzuwenden. Man sollte dann, und das ist die Mindestforderung, für den neuen Hausgenossen eine tierschutzgerechte Zwingeranlage mit Schutzhütte bauen lassen. In diesem Zusammenhang weise ich auf die Verordnung über das Halten von Hunden im Freien v. 6. Juni 1974 (Bundesgesetzblatt I, Nr. 60, Seite 1265) hin.

Für im Freien gehaltene Welpen ist eine gegen Wind und Wetter geschützte Hundehütte erforderlich. Diese darf nicht zu groß sein, denn der Welpe soll sie bei Kälte und Nässe mit seiner eigenen Temperatur erwärmen können. Vor den Ausschlupf der Hütte einen Sack oder sonstige Tücher nageln. Die Hütte so stellen, daß das Hundchen vor Zugluft geschützt ist, sie ist die größte Gefahr für die Gesundheit des Welpen. Als Unterlage dient Stroh. Bitte kein Häcksel, denn Häcksel wärmt nicht, und der gewünschte Zweck wird nicht erreicht. Von Zeit zu Zeit das Strohlager erneuern.

Zurück zum Welpen in der Wohnung. Es dauert gar nicht lange, und er wird Mittelpunkt der Familie. Alle meinen es gut, doch „viele Köche verderben den Brei". Es ist nicht richtig, wenn die ganze Familie sich mit der Erziehung befassen will. Es genügt, wenn „Herrchen" und „Frauchen" sich diese Arbeit teilen.

In der ersten Nacht wird der neue Hausgenosse sicherlich winseln und weinen. Es ist doch zu verständlich: fort von der natürlichen Mutter und den Geschwistern. Das Heimweh ist nur zu begründet. Am Abend vor dem Schlafengehen geht man noch eine längere Zeit mit dem Welpen nach draußen. Hier soll er sich bewegen und müde werden. Ist er müde, wird er auch schlafen. Beachten Sie aber, daß der Welpe ein Frühaufsteher ist. Am anderen Morgen also wieder in aller Frühe mit dem kleinen Kerl nach draußen. Hier warten wir so lange, bis er sich gelöst hat. Anschließend wird er dann noch einige Zeit ruhig sein.

Ein altes Hausmittel ist der Wecker. Doch nur ein altes Modell ist angebracht, es muß ticken. Legen Sie unter die Decke im Lager des Welpen einen tickenden Wecker. Das Ticken ist für den Welpen beruhigend; ein Hilfsmittel mit großer Wirkung.

Winselt oder weint der Kleine aber doch zuviel, und müssen Sie Rücksicht auf die lieben Nachbarn nehmen, können Sie in den ersten Nächten ihm das Lager im Schlafzimmer vor ihrem Bett richten. So haben Sie den Welpen gleich unter Aufsicht. Hier wird er ruhiger sein, er verspürt die Nähe des Menschen. Bedenken Sie aber bitte, daß Sie nicht Sklave des Hundes werden wollen, der Hund also zeitweise alleine bleiben muß. Er muß auf seinem Lager bleiben, koste es, was es wolle. Auch wenn Herrchen und Frauchen in den ersten Nächten weniger Schlaf bekommen, es zahlt sich bestimmt aus. „Was Hänschen nicht lernt, lernt Hans nimmermehr!"

Der kleine Hund soll sich beschäftigen. Auf seinem Lager hat er dementsprechendes Spielzeug vorzufinden. Unter keinen Umständen ausgediente Pantoffeln oder alte Schuhe geben. Der Welpe kennt keinen Unterschied zwischen ausgedienten und noch tragbaren Schuhen. Schuhe müssen für den Welpen tabu sein. Bewährt haben sich – wie schon beschrieben – auch ausgediente Pappkartons, die ja in jedem Geschäft reichlich zu bekommen sind. Bitte die Heftklammern entfernen! Er hat etwas zu tun, ist beschäftigt und nagt keine Möbel, Teppiche oder gar Tapeten an; außerdem haben wir unsere Ruhe.

Bereits während der Eingewöhnungszeit, d. h. während der Sozialisierungsphase, ist spielend mit der Erziehung zu beginnen. Über Lob und Tadel ist auf Seite 33 schon geschrieben.

Ziel der Erziehung und Ausbildung ist doch unser Streben, einen umweltfreundlichen „Hausgenossen" zu haben. Für viele ist dieses Ziel nicht genug, denn sie wollen, wenn der kleine „Kerl" erwachsen ist, die Begleithundeprüfung (Hundeführerschein) ablegen oder gar Breitensport und Agility betreiben.*

Ein hochgestecktes Ziel? Ich denke nein, denn die Übungen der Begleithundeprüfung und die Übungen im Breitensport und Agility sind so angelegt, daß sowohl kleine wie auch große Hunde, wenn ausgewachsen, teilnehmen können.

Die vier Grundübungen, die unseren Hund sein ganzes Leben begleiten, sind:
– das **Platzmachen**, Lautzeichen „Platz!" – konsequent gesprochen;
– das **Setzen**, Lautzeichen „Setz dich!" – lobend gesprochen;
– das **Stehen**, Lautzeichen „Steh!" – lang, gedehnt gesprochen; und
– die **Leinenführigkeit****, Lautzeichen „Bei Fuß!" – lobend, aber bestimmt gesprochen.

Spielerisch dem Hund die ersten Grundübungen beizubringen bedeutet, daß der Welpe überhaupt nicht merkt, daß er in unserem Sinne erzogen wird. Hier einige Beispiele:

---

* siehe Seite 96
** siehe Seite 67

Der Welpe hat gespielt, ist müde und will sich legen. Hier müssen wir schalten und mit dem Lautzeichen „Platz!" das vom Welpen Gewollte unterstützen. Also, immer wenn der Welpe sich legen will oder gerade gelegt hat, das Lautzeichen „Platz!" und zusätzlich ein leichtes Runterdrücken, um das „Sich-Hinlegen" etwas zu forcieren. Schnell wird der kleine Kerl verknüpfen und das Lautzeichen „Platz!" mit Ablegen, Sich-Hinlegen in Verbindung bringen.

Bei der Sitzübung wird analog verfahren. Der Welpe sitzt gerne, wenn er etwas von seinem „großen" Mitgenossen will. Aus der Sitzstellung kann der Hund, ob groß oder klein, viel besser nach oben sehen. Auch hier bei jeder möglichen Gelegenheit den Welpen ansprechen. Einen Leckerbissen z. B. bekommt der Welpe nur, wenn er sitzt. Sie glauben nicht, wie schnell er verknüpft hat und sich vor seinem ‚Brötchengeber' setzt. Sollte er sich nicht gleich, sicherlich vor Freude und Aufregung, setzen, dann Geduld und nochmals Geduld. Zur Unterstützung drücken Sie den kleinen Kerl auf der Kruppe leicht nach unten. Immer im Spiel und das „Sitzenwollen" nur unterstützen. Wir haben keinen ausgewachsenen und reifen Hund vor uns. Wichtig ist, konsequent sein und die Belohnung erst geben, wenn er sich gesetzt hat.

Meine beiden Hunde müssen sich vor dem Anleinen immer setzen. Genauso ist es mit dem Ableinen nach dem Spaziergang. Konsequentsein ist das Allerwichtigste!

Die Stehübung ist nicht unbedingt erforderlich. Trotzdem halte ich gerade diese Übung für zweckmäßig, denn das Lautzeichen ist für den jetzt schon etwas älteren und reiferen Welpen angenehm. Dazu kommen die vielen Streicheleinheiten. Also – mit der Stehübung etwa im fünften Monat beginnen. Früher lohnt es sich nicht. Das angenehme Lautzeichen „Steh!" und die „Streicheleinheiten" – das Streicheln übers Auge, Ohr und den Rücken bis zu den Weichteilen bedeuten für den Hund Annehmlichkeiten. Bei den täglichen Spaziergängen mit meinen Hunden überqueren wir immer mehrere Straßen. Vor jeder Überquerung halten wir einige Sekunden, und die Hunde bleiben stehen. Anfangs war es nicht immer hundertprozentig, und ich mußte mit Lautzeichen und Streicheleinheiten helfen. Jetzt genügt für die Hunde nur das Sehen der Bordsteinkante, um stehenzubleiben.

Merke: Ein Welpe darf noch nicht schulmäßig erzogen werden. Im Spiel müssen wir bei jeder sich bietenden Möglichkeit das Wollen unseres (noch) kleinen Hausgenossen erkennen und unterstützen.

Denken Sie immer daran: Wie sage ich es meinem Hunde? Lautzeichen = Ohr; Sichtzeichen = Auge; Leichte Einwirkungen = Gefühl. Und hat er es gemacht, wie von uns gewollt, dann mit Loben nicht sparen. Es ist noch nie ein Hund zuviel gelobt worden, jedoch leider sehr viele Hunde zuwenig! Die ersten Schritte zur Leinenführigkeit habe ich unter „Der Hund im Verkehr", Seite 52 beschrieben.

Der Welpe wird sauber

Das „Stubenreinmachen" bereitet manchem Hundefreund viel Kummer. Kniffe? Nein, die kenne ich auch nicht. Wir müssen unseren Hund wieder ganz natürlich sehen und dementsprechend unsere Erziehungsmethoden einrichten. Bis zur dritten Lebenswoche konnten die Welpen die Wurfkiste nicht selbständig verlassen. Die Hündin hatte instinktgemäß das Lager sauber gehalten. Nach der dritten Woche schaffte sie es nicht mehr, und wir fanden trotzdem kein verschmutztes Lager vor. Der natürliche Reinlichkeitstrieb der Hündin sorgte dafür.

Ich habe meine Hündinnen immer beobachtet und dabei festgestellt, daß sie nach dem Säugen die Welpen aus der Kiste locken. Ebenfalls machte ich die Beobachtung nach dem Schlafen der Welpen. Wurden sie lebendig, hatten also ausgeschlafen, so liefen die Hündinnen aus der Wurfkiste. Alle Welpen hinterher, und einer nach dem anderen löste sich. Für das Lösen der Welpen habe ich immer einen besonderen Platz vorbereitet. Dieser besteht aus einer etwa einen Quadratmeter großen und 5 cm dicken Kiesschicht. Hiermit schaffe ich schon die Grundlage für das schnelle Stubenreinmachen der Welpen beim späteren Besitzer, denn der Hund beschmutzt sehr ungern sein eigenes Lager. Genau wie die Hundemutter wollen wir verfahren. Nach dem Fressen nehmen wir den jungen Hund und gehen nach draußen. Hier warten wir so lange, bis er sich entleert hat. Sofort nach dem Lösen wird er gelobt. Aber richtig loben. Auch beim Loben müssen wenigstens zwei Sinne angesprochen werden. Unser Hund soll ja etwas lernen, er soll verknüpfen. Hier wird das Gehör durch das lobend gesprochene „So ist's brav!" und das Gefühl durch Streicheln angesprochen; wenn zusätzlich noch ein Leckerbissen gereicht wird, dürfte der Welpe bald richtig verknüpft haben (Geschmack wird angesprochen).

Ist der Welpe aus seinem Schlaf erwacht, so gehen wir wieder schnell und ohne Zögern nach draußen. Wieder warten und nach dem Lösen viel loben. Läuft das Hundchen unruhig in der Wohnung umher und

*Eine Lage Zeitungspapier
wirkt Wunder. Der kleine
Hund näßt und löst sich
gern darauf. Das Papier
kann leicht ausgetauscht
werden, und die Wohnung
bleibt sauber*

sucht ein bestimmtes Plätzchen, so ist es wieder soweit. Also erneut nach draußen, damit er dort sein Bedürfnis erledigen kann.

Wo lösen Hunde am liebsten? Aus Erfahrungen kann ich sagen, daß Welpen mit Vorliebe weichen Untergrund aufsuchen, also z. B. Rasen. Ist keiner vorhanden, so suchen wir einen anderen Platz mit weichem Boden. Eine Hilfe ist weiter zu wissen, daß der Welpe sich gern am gleichen Platz löst. Es dauert nicht lange, und er wird sein großes Geschäft also draußen verrichten.

Mit dem kleinen Geschäftchen ist es etwas schwieriger, insbesondere während der Nacht. Deswegen habe ich in der Nähe des Lagers immer eine Schicht Zeitungspapier liegen. Das wirkt Wunder, und der kleine Kerl näßt immer auf ihm. Das Papier saugt auf, kann leicht erneuert werden, und die Wohnung bleibt sonst sauber. Nach etwa zehn Tagen kann das Papier auch verschwinden, weil es überflüssig wird.

Sollte sich der Kleine mal vergessen, so denken Sie bitte daran, daß er es bestimmt nicht absichtlich gemacht hat. Es wäre falsch, nachher zu strafen. Mir sind Fälle bekannt, die als Tierquälerei zu bezeichnen sind. Wer seinen Vierbeiner mit der Nase in den Kot stößt, ist kein Tierfreund und hat keine Ahnung von der Erziehung des Welpen.

Zum Strafen möchte ich nochmals grundsätzlich sagen, daß der Hund nur während, aber niemals nach der Tat bestraft werden darf. Er kann nicht logisch denken und wird später die Zusammenhänge zwischen Tat und Strafe nicht verstehen. Anders wird es sein, wenn der Welpe bei der Tat erwischt wird. Dann kann man eingreifen und erziehen. Will oder macht der Welpe gerade sein Geschäftchen, so sprechen wir das Gehör mit einem harten „Pfui!" an, gleichzeitig noch das Gefühl, indem er von uns einen kleinen Klaps bekommt. Dadurch wird der Hund sehr schnell verknüpfen, daß „Geschäftemachen" in der Wohnung etwas Unangenehmes ist.

Eines Tages kann man feststellen, daß der junge Hund mit Hilfe seines hochentwickelten Gedächtnisses sehr schnell verknüpft hat und nun selber verlangt, nach draußen gelassen zu werden. Angenehmes und Unangenehmes kann unser Hund von den ersten Wochen an unterscheiden. Er wird Angenehmes immer wieder machen und Unangenehmes unterlassen. Verzagen dürfen wir nicht, auch wenn wir am ersten Tag vielleicht alle Stunde mit dem neuen Hausgenossen nach draußen müssen. Es wird von Tag zu Tag weniger, und die viele Arbeit in den ersten Tagen wird sich lohnen. Nach einiger Zeit werden Mensch und Hund einen genauen Zeitplan haben. Der junge Hund wird immer zu ganz bestimmten Zeiten nach draußen wollen.

In diesem Zusammenhang muß ich erwähnen, daß der Welpe richtig ernährt werden sollte. Es genügt, wenn er in der ersten Zeit viermal am Tage ein gut zubereitetes Futter vorgestellt bekommt. Die Zahl der Mahlzeiten wird mit steigendem Alter geringer. Meine Welpen bekommen von der 16. Woche an nur noch dreimal und im Alter von 26 Wochen nur noch zweimal Futter. Dieses ist am Abend nur dürftig.

Links: Läuft der Kleine in der Wohnung unruhig umher und sucht ein Plätzchen, so muß er nach draußen, es ist wieder soweit. – Rechts: Der Welpe hat gern den gleichen Platz zum Lösen und Nässen!

47

Von Anfang an bitte darauf achten, daß der Hund sein „Geschäft" nicht auf den Bürgersteig macht, sondern in der Gosse. Ihm das anzuerziehen ist verhältnismäßig leicht. Der Hund zeigt an, wenn er sein „Geschäft" machen will. Er schnuppert am Boden, geht langsam und dreht sich meistens um die eigene Achse. Dann ist es Zeit, ihn in den Rinnstein zu setzen. Dort klappt es meistens sehr schnell, und der junge Hund hat verknüpft, sein Geschäft nur noch an dieser Stelle machen zu dürfen. Es dauert nicht lange, und er geht von selber vom Bürgersteig, um sich zu lösen. Unser Hund soll doch umweltfreundlich erzogen werden. Das ist ein praktisches Beispiel dafür.

Sehr schwer haben es jedoch Besitzer von Welpen, die, in Viehställen gezüchtet, in düsteren Verschlägen gehalten, dort ihr Dasein haben fristen müssen. Der Welpe gewöhnt sich sehr schnell daran, im eigenen Dreck zu leben. Diese Welpen werden sehr schwer bzw. kaum mehr stubenrein. Daher meine Warnung! Jeder sollte wissen, woher der Welpe kommt, und deshalb beim Züchter und nicht über dem Ladentisch kaufen.

Das Alleinbleiben des Welpen

Der Mensch darf nicht Sklave seines Hundes werden. Oft kann ein Hundebesitzer nicht fortgehen, nur weil der Hund nicht allein bleiben will. Bereits als Welpe hat der Hund das „Alleinbleiben" zu lernen. Es ist mehr oder weniger eine Gewöhnung. Falsches Mitleid wäre hier nur zum Schaden für Mensch und Hund.

Für diese Übung müssen wir den richtigen Zeitpunkt abpassen. Kommt das Hundchen von einem Spaziergang zurück, dann ist es müde und hat das Bedürfnis zu schlafen. Hier haken wir ein, bringen es auf sein Lager und gehen rückwärts aus dem Zimmer. Beim Fortgehen geben wir das Lautzeichen „Bleib daaa!" – lang und gedehnt gesprochen –, gleichzeitig regen wir sein Gesicht an und halten beide Hände so, als ob wir es segnen wollten. Das Lautzeichen und die Handbewegungen immer wiederholen, und langsam rückwärts das Zimmer verlassen. Diese „Bleib-da-Übung" muß häufig wiederholt werden, und je früher damit angefangen wird, desto leichter für uns.

Eine wichtige Voraussetzung für Alleinbleiben ist, daß nicht den ganzen Tag mit dem Welpen gespielt wird. Er braucht auch seine Ruhe und, wenn möglich, für sich einen besonderen Raum. Ein aufgestelltes Laufgitter ist hier eine sehr große Hilfe; wir stellen sein Lager in dieses hinein, erst in Gegenwart des Menschen, dann alleine in einem Raum. Das Lager mit dem Laufgitter ist sein Reich. Vergessen dürfen wir aber nie, beim Verlassen des Zimmers die Sicht- und Lautzeichen zu geben. Schon der Welpe muß das Gefühl bekommen, dort, wo er zurückgelassen wird, auch wieder abgeholt zu werden.

Verlassen wir die Wohnung, so darf der Welpe es am Anfang nicht merken. Bedenken müssen wir aber, daß der Hund viel besser hören kann, als wir uns einbilden. Wir lassen unseren Hund zuerst nur kurze Zeit allein, kommen dann zurück und loben ihn. Nach und nach verlängern wir die Zeitspanne unserer Abwesenheit. Sollte der Welpe aber schon verwöhnt sein und ohne Herrchen bzw. Frauchen nicht mehr auskommt, dann hilft nur noch das Anbinden auf seinem Platz in Verbindung mit dem Lautzeichen und den von mir beschriebenen Handbewegungen. Merkt der Kleine erst, daß weder Winseln noch Klagen zum Erfolg führen, wird er sich mit dem Schicksal abfinden und auf seinem Platz verharren. Das Winseln und Klagen muß man überhören.

Leichter haben die Hundebesitzer es, die einen Zwinger besitzen und dort den kleinen Hund für einige Zeit einsperren können. Es ist nie zu seinem Schaden, wenn er sich vorübergehend selbst überlassen bleibt.

Die natürliche Anhänglichkeit des Welpen

Ich habe schon erwähnt, daß der Hund ein Rudeltier ist. Das Rudel ist eine Gemeinschaft von Artgenossen. Aus seinem angestammten Rudel ist er herausgerissen, und wir, die Familienmitglieder und der Hund, bilden jetzt das neue Rudel. Durch die bis jetzt gute Behandlung, zu der es gehört, daß wir unserem Hund ein gutes Lager und gutes Fressen gegeben haben, konnten wir ein Abhängigkeitsverhältnis herstellen. Wegen dieser guten Behandlung in Verbindung mit seiner Veranlagung als Rudeltier wird der Welpe den Menschen – hundlich gesehen – als seinen Artgenossen einstufen und sich unterordnen. Hierdurch entsteht seine Anhänglichkeit, und wir müssen bestrebt sein, diese unter allen Umständen zu erhalten.

Bei den täglichen Spaziergängen patscht der kleine Hund um den Menschen herum. Er fühlt sich abhängig und geht ja keinen Schritt zu weit fort. Nach einigen Tagen entdeckt er langsam seine Welt, er schnuppert hier und dort, bleibt dabei zurück. Das ist nur zu natürlich.

Jetzt rufen wir seinen Namen, und er wird kommen, denn so interessant ist ihm seine „Zeitung" noch nicht. Das Kommen wird belohnt durch sehr vieles Loben und mit einem Leckerbissen. Es kommt auch vor, daß der kleine Hund einige Meter vor Herrchen stehenbleibt, seinen Kopf nach links und rechts dreht und einfach nicht weiter will. Hier muß man nachhelfen.

Dabei macht man sich eine natürliche Veranlagung der Hunde zunutze. Sie sehen, bedingt durch ihre Augenstellung, räumlich nicht sonderlich gut. Folglich bedeutet der stehende, große Mensch für sie Nähe, dagegen der kleine (gebückte) Mensch Ferne, mithin Abstand und gar Angst des Alleinseins. Wenn also der Welpe nicht kommt, bückt man sich – verkleinert sich in seinen Augen, was soviel bedeutet wie großer Abstand –, und der Hund eilt herbei (menschlich ausgedrückt, weil er nicht in der Ferne allein, sondern bei seinem Rudelgenossen sein will). Für diesen Fall gibt es noch eine weitere Hilfe. Gehen Sie einfach in die entgegengesetzte Richtung. Auch so verkleinern sie sich in den Augen des Hundes. Sie werden sehen: In beiden Fällen wird er, so schnell er kann, kommen. Die natürliche Anhänglichkeit und das Loben beim Erscheinen (etwas Angenehmes für den Hund) bestärken ihn in seinem Tun.

Laufen Sie niemals hinter Ihrem Hund her. Er sieht es als Angriff. Ist er älter und größer, so ist er sowieso schneller als der Mensch, und alle Mühe wäre vergebens. Läuft der Mensch aber in die entgegengesetzte Richtung, so wird der Hund, einem inneren Zwang folgend,

„Herrchen" hat sich hingehockt, und der kleine Hund kommt vertrauensvoll!

50

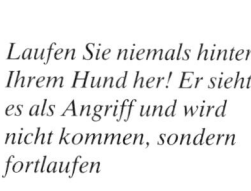

Laufen Sie niemals hinter Ihrem Hund her! Er sieht es als Angriff und wird nicht kommen, sondern fortlaufen

kommen. Mit dieser Erziehung des „Kommens" setzen wir einen wichtigen Grundstein für die spätere Ausbildung. Es ist doch ein scheußliches Bild, wenn man sieht, wie der Hundebesitzer nach seinem Hund ruft und dieser nicht kommt. Hier sind Erziehungsfehler die Ursache. Der Hund wurde vom Menschen verdorben, die natürliche Anhänglichkeit wurde dabei zerstört.

Hier gleich ein Hinweis auf mögliches weiteres Fehlverhalten. Bei einigen Hunderassen werden im Ausland die Ohren noch kupiert. Grundsätzlich bin ich nur dafür, wenn es von einem Fachmann ausgeführt wird und der Züchter die erforderlichen Nachbehandlungen übernimmt. Das Kupieren und die Nachbehandlung müssen unbedingt schmerzlos erfolgen. Der kleine Hund verliert sonst das Vertrauen zum Menschen. Fassen Sie einem kupierten Hund ans Ohr, und Sie werden sofort feststellen, ob richtig oder unrichtig kupiert wurde. Unser Hund vergißt eine schmerzhafte Behandlung nicht.

Allen Käufern von Hunden kupierter Rassen kann ich nur raten, die Welpen erst abzunehmen, wenn die Wunden einwandfrei verheilt sind. Denken Sie bitte in diesem Zusammenhang an die natürliche Anhänglichkeit des Welpen, die Sie unter keinen Umständen zerstören dürfen, indem Sie ihm durch Anfassen Schmerzen bereiten.

51

Der Welpe im Verkehr

Wir leben heute in einer technisierten Welt. Unser Hund soll stets bei uns sein und wird zwangsläufig mit dem hektischen Leben fertig werden müssen. Vor jeder Neuigkeit wird er stutzen und sich von ihr überzeugen. Wir Menschen als Augengeschöpfe sagen von uns: „Was wir nicht gesehen haben, glauben wir nicht!" Unser Hund ist ein Nasentier, und wir können aus seiner Perspektive sagen: „Was der Hund nicht berochen hat, das glaubt er nicht!" Für alles Neue ist der Hund zugänglich, aber er ist sehr vorsichtig. Das ist eine instinktive Haltung und nicht, wie viele Menschen annehmen, Scheuheit.

Je früher Sie in aller Ruhe anfangen, Ihren Welpen mit unserer Umwelt vertraut zu machen, desto mehr Zeit haben Sie für die umfangreiche Aufgabe. Sie dürfen den Kleinen nicht einfach im Verkehr laufen lassen, die Gefahren wären zu groß. Eine feste Verbindung vom Mensch zum Hund muß geschaffen werden. Hierzu benötigen Sie eine Halsung (Halsband) und eine Leine.

Die Halsung ist ein kleiner, verstellbarer Lederriemen mit Schnalle und Öse. Die Leine ist ebenfalls sehr leicht. Sie besteht aus einer Kette. An deren einem Ende befindet sich ein Scherenhaken zum Befestigen an der Halsung, am anderen Ende eine Lederschlaufe zum Anfassen.

Zuerst muß sich der Welpe an die Halsung gewöhnen. Sie ist für ihn ein Fremdkörper, und er wird sich wehren und mit Hilfe seiner Pfoten versuchen, diese wieder loszuwerden. Bevor er sich an die Halsung gewöhnt hat, darf er unter keinen Umständen alleine gelassen werden. Er könnte mit seinen Pfoten leicht in das Halsband kommen, würde sich quälen und nur mißtrauisch ihm gegenüber werden. Dies ist für den Welpen eine klare Unannehmlichkeit, von der er zunächst abgelenkt werden muß.

Die große Annehmlichkeit für ihn ist dagegen das Spazierengehen. Also die Halsung umlegen und anschließend mit ihm nach draußen. Beim Umlegen der Halsung geben Sie noch das Lautzeichen „Ausgehen!" – lobend gesprochen. Bei dieser Erziehungsübung haben Sie drei Sinne des Hundes angeregt: Das Gesicht, er sieht die Halsung, das Gefühl, er fühlt die Halsung und das Gehör durch das Lautzeichen „Ausgehen!". Die kleine Unannehmlichkeit ist die Halsung, die große Annehmlichkeit das Ausgehen! Dies verknüpft sich im Gedächtnis des Welpen sehr schnelll, und die große Annehmlichkeit des Ausgehens überwiegt klar. Er hatte hier zwischen einer Annehmlichkeit (Ausgehen) und einer Unannehmlichkeit (Halsung) zu unterscheiden. Nach einiger Zeit hat er erkennbar verknüpft, und Sie brauchen Ihrem Freund nur noch die Halsung zu zeigen, und er reagiert sofort wie gewünscht. An seiner Rute können Sie sich von seinem „Barometerstand", von seiner Freude, überzeugen.

Aber auch an die Leine soll sich der junge Hund gewöhnen. Sie muß genau wie die Halsung für ihn „Ausgehen" bedeuten. Der Mensch soll sich hüten, seinen Hund auch nur einmal mit der Leine zu schlagen. Das wäre ein nicht wieder gutzumachender Erziehungsfehler. Ich halte deshalb die von der Industrie hergestellten Peitschen, die gleichzeitig als Leinen dienen, für die Erziehung und Ausbildung des Hundes für völlig ungeeignet.

Der Welpe wird freiwillig nicht an der Leine bleiben. Er wird versuchen, von dieser Unannehmlichkeit freizukommen. Viele Welpen versuchen, in die Kette zu beißen. Doch sie merken bald, daß es unangenehm ist. Anders wäre es, wenn wir eine Lederleine genommen hätten. Beim Beißen in diese verspürt unser Hund den seiner Art angenehmen Ledergeschmack. Vielleicht ist die Gerbsäure für ihn verlockend. Hat er aber erst Geschmack an der Lederleine gefunden, so haben wir den typischen „Leinenbeißer". Es ist für uns dann sehr unangenehm, und wir können später unseren Hund nicht mit Hilfe der Ausbildungsleine für kurze Zeit vor einem Geschäft oder sonstwo anbinden. Er wird immer, wenn er sich unbeobachtet fühlt, die Leine zernagen bzw. zerbeißen. Daher mein Hinweis auf die Leine in Form einer leichten Kette.

Der Welpe soll aber an der Leine vorwärtsgehen. Bitte unter keinen Umständen mit Gewalt ziehen. Hier erreichen wir nur das Gegenteil. Es ist nicht schwer, unserem Kleinen das Laufen an der Leine beizubringen. Denken Sie bitte an die natürliche Anhänglichkeit. Stellen sie sich vor Ihren angeleinten Hund und rufen und locken Sie ihn. Er wird die Leine vergessen, denn seine natürliche Anhänglichkeit ist größer als die Unannehmlichkeit der Leine. Sie selber laufen aber rückwärts weiter, damit immer der gleiche Abstand bestehen bleibt. Nach etwa 20 Schritten wird diese Übung beendet, und er darf ganz in die Nähe seines Gefährten kommen und erhält als Belohnung einen Leckerbissen. Das Loben aber außerdem nicht vergessen. Will der Welpe mal nicht kommen, so denken Sie an das Bücken. In den ersten Tagen nur einige Minuten mit dem Hund üben.

Nach einigen Tagen brauchen Sie nicht mehr rückwärts zu gehen. Der Hund folgt schon freiwillig. Er wird sich aber bestimmt immer wieder vergessen und hier und dort schnuppern. Seine Riechbilder, seine „Zeitung", werden von Tag zu Tag, je älter er wird, interessanter. Wenn wir jetzt unserem Hund den Willen lassen, dann wird es später so kommen, daß „Herrchen" dorthin muß, wo Freund Hund hin will, und nicht so, wie es sein sollte, nämlich umgekehrt.

Wir müssen unserem Hund das Schnuppern unangenehm machen. Er bekommt beim Schnuppern mit Hilfe der Leine einen leichten Ruck an der Halsung. Im selben Augenblick wird er gerufen und beim Kommen viel gelobt. Der Hund soll hier unterscheiden lernen, daß es bei „Herrchen" angenehm (loben) und beim Schnuppern unangenehm (Ruck in der Halsung) ist. Der Hund kann nicht logisch denken und weiß nicht, daß der Ruck in der Halsung von seinem Gefährten kommt.

Absichtlich habe ich von einem *Ruck* gesprochen. Niemals ziehen, denn damit erreichen Sie nicht das Gewünschte. Bei der späteren Ausbildung zur Leinenführung werde ich es noch näher beschreiben.

Unsere Spaziergänge werden ausgedehnter. Nach Möglichkeit lassen wir unseren Hund stets an der linken Seite gehen, eine Vorübung für die Leinenführung, eine reine Gewöhnung. Bei den täglichen Spaziergängen werden Sie es immer wieder erleben, daß gute Bekannte kommen und mit dem Hundchen spielen wollen. Entsetzt sind diese Hundefreunde aber, wenn es sie beschmutzt. Unangenehm für den Besitzer des Hundes, doch weit schlimmer wirken sich diese Bekannten auf die Erziehung des Welpen aus. Sie als Besitzer wollen doch den Hund für sich haben. Die Zutraulichkeit zu fremden Personen nach Möglichkeit unterbinden. Darum von vornherein die guten Bekannten belehren und den Hund zurückhalten. Sie haben es später bei der Ausbildung viel leichter. Ihr Hund soll ja nicht zu jedem Fremden laufen!

Es ist ein Wunder der Natur, was so ein junger Hund in sich aufnehmen kann. Besonders ausgeprägt bei ihm ist das Erinnerungsvermögen. Alles, was wir Menschen unserem Hund einmal gezeigt haben, wird er in sich speichern und nicht vergessen. Zeigen Sie Ihrem Hund gerade im jugendlichen Alter deshalb alles. Gehen Sie mit ihm auch in Geschäftshäuser. Hier muß besonders viel vom Hund aufgenommen werden. Meistens erleben wir eine Enttäuschung, denn die gute Raumpflegerin hat den Fußboden mit viel Mühe und Fleiß so blank gebohnert, daß der kleine Hund für seine Pfoten keinen Halt hat. Er kann nicht mehr laufen. Instinktgemäß wird er jetzt versuchen, irgendeine Stütze zu bekommen. Meistens bedient er sich einer Seitenwand, und Sie müssen ruhig und besonnen mitgehen und auf Ihren Hund einwirken. Sie werden sehen, mit einemmal merkt er, daß er auf seinen vier Beinen auch balancieren kann. Dann hat er keine Angst mehr vor dem glatten Fußboden und wird sich frei bewegen.

Auch Treppensteigen ist für den Junghund nicht einfach. Hier niemals Zwang anwenden. Wenn er noch nicht will, dann wird er getragen. Eines Tages kommt er durch seine natürliche Anhänglichkeit selber hinterher. So ist es auch, wenn er die Treppe hinunter soll. Es dauert meistens etwas länger. Bitte Vorsicht, in seiner übermäßigen Freude kann er schneller runterkommen, als uns lieb ist. Sie können hier nachhelfen und suchen für die Übung bewußt nicht zu steile Treppen aus. Diese dürfen im Anfang auch nicht gebohnert sein. Das erleichtert die Ausführung der Übung, und der Welpe begreift viel schneller, was er soll.

Die meisten Hundebesitzer haben ein Auto. In ihm soll unser Freund mitgenommen werden. Ich habe bei meinen Welpen immer beobachtet, daß sie gerne Auto fahren. Das gleichmäßige Geräusch des Motors muß beruhigend auf sie wirken. In der ersten Zeit dürfen Sie Ihren Welpen aber unter keinen Umständen alleine mitnehmen. Am besten ist es, wenn er die ersten Fahrten gemeinsam mit Frauchen und Herrchen unternimmt. Unser Hund soll doch ruhig auf dem Rücksitz liegen, denn vorne beim Fahrer hat er nichts zu suchen.

Damit er sich an seinen neuen Platz gewöhnt, nehmen wir in der ersten Zeit das Körbchen – sein Lager – mit. Unser Junghund wird zunächst unruhig sein und alles im Wagen genau untersuchen. Bei einigen Welpen ist die natürliche Anhänglichkeit so groß, daß sie immer wieder versuchen, nach vorne zum Besitzer zu kommen. Bedenken Sie bitte, daß bei einigen Wagentypen der Welpe unter dem Fahrersitz durchkriechen kann und mit einemmal vorne ist. Hier sieht er die beweglichen Teile wie Bremse und Kupplung und ist, ohne daß wir es merken, plötzlich dazwischen. Darin liegt die Gefahr! Es kann zu schweren Unfällen kommen oder, wenn man es im letzten Moment verhindern will, so muß der kleine Kerl darunter leiden. Zu leicht sind die Gliedmaßen gebrochen, daher unbedingte Vorsicht!

Vor Zugluft ist der Hund zu schützen. Zu leicht sind die Augen entzündet. Doch die meisten Hunde fahren gerne Auto und freuen sich auf jede Fahrt. Die Zündschlüssel in Herrchens Hand bedeuten für den Hund schon etwas Angenehmes, eine Freude. Machen Sie eine Rast, so denken Sie auch an den Hund. Ein kleiner Auslauf tut gut. Aber: Hunde darf man immer nur auf der dem Verkehr abgewandten Seite ins Auto ein- und aussteigen lassen.

Doch leider hat die Autofreude der Hunde auch einen Haken. Viele sind so leidenschaftliche Autofahrer, daß sie auch in fremde Wagen einsteigen. Die meisten Hundediebstähle werden heute so ausgeführt. Die spezialisierten Diebe sehen einen Hund laufen, öffnen die Autotür, und schon springt der Hund in den Wagen. Haben wir also einen dieser „Autofahrer", so können wir uns gegen diese Art von Diebstählen nur sichern, indem wir unseren Hund nicht ohne Aufsicht laufen lassen, wie überhaupt der verantwortungsbewußte Hundebesitzer seinen Hund nie ohne Aufsicht lassen sollte.

Leider können nicht alle Hunde das Autofahren vertragen. Bei Menschen ist es auch so. Wir müssen daher die Fahrtüchtigkeit unseres Hundes erst erproben bzw. herbeiführen. Beim ersten Mal fährt der kleine Kerl daher im nüchternen Zustand, also ohne etwas gefressen zu haben, mit uns. Viele Kurven und ein zu schnelles Tempo sind zu vermeiden. Wir sehen dann schon, ob er Brechreiz hat oder sein Fang von Speichel zusehends naß wird. Dies sind Anzeichen seiner Angst und noch bestehenden Fahruntüchtigkeit. Die Erfahrung hat aber gelehrt, daß die meisten Hunde das Autofahren lernen können. Man wird es also üben und dabei die Fahrzeit langsam steigern. Ganz wenige Hunde werden das Autofahren nie vertragen können, es sind meistens die nervenschwachen. Diese sollte man nicht im Auto mitnehmen, denn es ist eine Quälerei für sie.

Erziehungsfehler mit bösen Folgen

Der Junghund wird futterneidisch. Unbewußt werden viele Hunde zu unüberlegten Beißern am Futternapf. Herrchen und Frauchen dürfen nicht in die Nähe der Futterschale kommen, und schon steht der Hund über der Schüssel und knurrt. Diese Hunde sind futterneidisch, und je älter sie werden, desto schlimmer wird es. Bei einigen Hunden ist es so schlimm, daß auch der Fachmann hier nichts mehr machen kann. Viele Hunde wurden mir bei der Polizei nur aus diesem Grund zum Kauf angeboten. Für uns waren sie aber auch unbrauchbar, denn sie wurden vom Menschen verdorben.

Typische Stellung eines Junghundes, der bereits futterneidisch ist!

Wie wird ein Hund futterneidisch? Unvernünftige Menschen haben hier einen großen Erziehungsfehler begangen. Dieser geht bis ins Welpenalter zurück. Der Welpe wollte nicht fressen; auch durch Bitten war er nicht dazu zu bewegen. Herrchen wurde ungeduldig und reizte den Kleinen, indem er die Futterschüssel anfaßte und fortziehen wollte. Gleichzeitig sagte er in etwa: „Ich nehm's, ich nehm's!" Mit einemmal fraß der Kleine. Wollte er nicht mehr fressen, so wurde diese „vortreffliche" Übung wiederholt.

Nach einiger Zeit brauchte Herrchen nur noch die Hand auszustrecken und „Ich nehm's" zu sagen, und schon stand der Kleine über der Futterschüssel und fing an zu fressen. Doch dabei blieb es nicht, der Kleine knurrte. Ein Wunder war geschehen, Herrchen und Frauchen freuten sich, denn der Welpe knurrte zum ersten Mal. Doch Herrchen sah die Gefahr nicht, und je mehr der Kleine knurrte, desto besser war es. Bei jeder Gelegenheit wurde dieser Erziehungsfehler wiederholt. Der Hund wurde aber größer und älter, und eines Tages war die Veranlagung, sein Futter zu verteidigen, so ausgeprägt, daß Herrchen und Frauchen das Futter nicht mehr fortnehmen können. Ja – nicht einmal in die Nähe dürfen sie kommen. So etwas darf es nicht geben. Der Hund hat sich unterzuordnen, und Herrchen und Frauchen müssen jederzeit das Futter fortnehmen können. Auch Knochen, die der Hund bereits im Fang hat, muß er sich wieder von seinem Besitzer abnehmen lassen.

Ich habe in dieser Richtung einen Versuch unternommen. Mein Welpe Bacci war kaum neun Wochen alt und schon absichtlich so verdorben, daß meine Frau und mein kleiner Sohn den kleinen Kerl beim Fressen nicht mehr anfassen konnten. Er knurrte und machte die typischen Bewegungen zum Beißen. Es war später sehr schwer, hier wieder Ordnung zu schaffen, und ich empfehle, diesen Versuch nicht nachzumachen.

Wir dürfen es nicht so weit kommen lassen. Futter geben, Futter fortnehmen, ist hier die beste Methode. Will unser Hund knurren oder die typischen Bewegungen zum Beißen machen, wird er gestraft; mit einem „Pfui!" und einem Klaps kann viel erreicht werden.

Der Hund bettelt. Es gibt Junghunde, ja bereits Welpen, die sehr gefräßig sind. Ein solcher Hund nimmt alles Erreichbare und bettelt bei Tisch oder wo immer er nur einen Menschen essen sieht. Diese Angewohnheit ist für den Besitzer sehr unangenehm, zumal er seinem Hund reichliches und gutes Fressen gibt. Hier liegt mehr oder weniger eine Angewohnheit vor. Grundsätzlich bekommt der Hund nur zu ganz bestimmten Zeiten sein Fressen und unter keinen Umständen etwas vom Tisch. Harte Konsequenz ist hier die beste Erziehung.

Nach ganz kurzer Zeit wird jeder Hund einsehen, daß das Betteln keinen Zweck hat, und er wird es unterlassen. Ist der Welpe schon etwas älter, so kann eine fremde Person unserem Hund einen Futterbrocken vorhalten. Will er das Futter nehmen, bekommt er von dieser Person einen leichten Klaps. Sehr schnell hat der Hund hierbei verknüpft, daß „Futternehmen" von fremden Personen etwas Unangenehmes ist.

Der Hund stiehlt. Einige Hunde nehmen gern etwas vom Tisch. Auch dies ist dem Hund sehr leicht unangenehm zu machen. Sind wir dabei, so kann man durch ein kräftiges „Pfui!" einwirken, und der Hund wird es unterlassen. Ist er aber alleine, so wird er es dennoch versuchen. Hier müssen wir den Hund überlisten. Ein Leckerbissen wird mit einigen leeren Blechdosen verbunden, und diese „Falle" wird so gestellt, daß die leeren Dosen, wenn der Hund den Leckerbissen nehmen will, vom Tisch fallen. Durch dieses Geräusch wird dem Hund das Stehlen vergehen.

Gelernte Gewohnheiten

Das Putzen. Zur guten Erziehung des Hundes gehört aber auch eine einwandfreie Pflege. Der neue Hausgenosse hat sich an Ordnung zu gewöhnen. Es fängt mit dem täglichen Putzen an. Nehmen Sie für den Welpen eine weiche Bürste, sie soll ja für ihn angenehm sein. Später benötigen Sie je nach Rassen entsprechendes Putzgeschirr. Die Haupt-

So wird schon der Versuch des Stehlens für den Junghund unangenehm!

sache ist, Ihr kleiner Hund gewöhnt sich schon an das tägliche Putzen. Wenn Sie es regelmäßig machen, erst wenig, dann mehr, so entstehen überhaupt keine Schwierigkeiten.

Meine beiden Schnauzer-Hündinnen laufen nach unseren Spaziergängen grundsätzlich erst in die Küche. Eine reine Gewöhnung, denn sie haben es so gelernt. Dadurch habe ich die Möglichkeit, bei schlechtem Wetter die Läufe und Bärte zu reinigen.

Das Zähnezeigen. Jeder Hundebesitzer muß in der Lage sein, das Gebiß seines Hundes jederzeit einer fremden Person zu zeigen. Wie oft erlebe ich es auf Ausstellungen, daß Besitzer die Zähne des eigenen Hundes nicht einmal dem Richter zeigen können. Auch viele Tierärzte werden über dieses Übel ein Liedchen singen können.

Fangen Sie im Welpenalter bereits mit dieser Übung an. Besehen Sie sich die Zähne. Die Lefzen werden einfach hochgezogen, und das Gebiß liegt frei.

Gar zu oft hat sich ein Knochen zwischen den Zähnen verklemmt, und es ist doch ein Unding, wenn Sie diesen Knochen nicht selbst entfernen können.

Das unerwünschte Hetzen. Der junge Hund beginnt Fahrzeuge anzubellen, Geflügel oder Wild zu hetzen. Ein altes Sprichwort sagt: „Was

59

Hänschen nicht lernt, lernt Hans nimmermehr!" So ist es auch bei unserem Hund.

Suchen Sie mit Ihrem Hund eine Stelle auf, wo er Gelegenheit dazu findet, dieses Übel auszuführen. Eine kleine Gerte haben Sie zur Hand. Will er jetzt hetzen, so bekommt er unversehens einen kleinen Hieb, und dazu folgt dann das Lautzeichen „Pfui!". Einige Wiederholungen, und der Hund wird das Hetzen bestimmt unterlassen. Aber schon beim Junghund diese Übung durchführen! Ist diese Untugend erst zur Leidenschaft geworden, so ist es sehr schwer, den Hund davon wieder abzubringen.

Das unerwünschte Kläffen und Bellen. Der wohlerzogene Hund drückt seine Freude durch heftiges Wedeln mit der Rute aus, zusätzlich durch freundliches Bellen. Das gehört zur Natur des Hundes, doch nervöses Kläffen und Jaulen nicht. Die Lärmschutzgesetze sorgen gerade in letzter Zeit dafür, daß die Umwelt von jedem unnötigen Lärm verschont wird. Auch Hundebellen, Kläffen oder Jaulen kann umweltschädlich sein. Ich habe oft den Eindruck gewonnen, daß sich so mancher Besitzer über das Bellen seines Hundes freut und überhaupt nicht daran denkt, es ihm zu verbieten. Besuchen Sie mal eine Hundeausstellung! Einige Hunde bellen stundenlang, und die Besitzer stehen dabei.

Der nervlich einwandfreie Hund braucht nicht immer und überall zu bellen. Ja, er darf es auch nicht. So manche Gerichtsentscheidung hat einen Hundebesitzer auf den Boden der Wirklichkeit zurückgeholt. Auch hier gilt die Lebensweisheit: „Was Hänschen nicht lernt, lernt Hans nimmermehr." Bereits dem Welpen unnötiges Bellen und Kläffen mit einem „Pfui!" verbieten. Der Hund kann es erlernen, daß nicht jede Bewegung bzw. jedes Geräusch mit Bellen registriert werden muß.

Ich weiß, wie es ist und wie der Mensch sich freut, wenn der Welpe zum erstenmal bellt! Aus dieser Freude heraus wird dann jedes Bellen noch zusätzlich durch Loben unterstützt. Kurzes Bellen beim Ertönen der Hausglocke ist angebracht, doch ein Dauerbellen bzw. Dauerkläffen ist nicht erwünscht und muß unterbunden werden.

Bewußt schrieb ich, daß der nervlich gut veranlagte Hund das „Nichtbellen" lernen kann und nach guter und richtiger Erziehung genau weiß, wann er zu bellen hat und wann nicht. Auch wie lange er bellen darf! Ich hatte in einer Mietwohnung (vier Parteien im Haus)

Gruppenübungen beim Polizeihundesportverein (PHV) Alstertal/Hamburg. Die Hundeführer mit ihren sitzenden Hunden bilden einen Kreis. Ein Hundeführer mit Hund hat in Schlangenlinie die sitzenden Hunde im Kreis zu umlaufen. Eine nicht immer leichte Übung!

ständig zwei bzw. drei Hündinnen. Die Hunde durften nicht „Dauerbellen", und sie taten es nicht. Haben Sie jedoch einen nervlich hochempfindlichen Hund, so ist die Sache sehr schwierig. Es gibt Hunde, die aus Nervosität und Angst kläffen und bellen. Hier handelt es sich um negative Veranlagung, mit den Mitteln der Erziehung und Ausbildung ist dagegen nichts zu machen. Wir Menschen müssen damit leben! Vielleicht ist es möglich, das Bellen ein wenig zu unterdrücken, doch ganz zu unterbinden ist es bei einem nervenschwachen Hund nicht.

61

Die Ausbildung des jungen bzw. erwachsenen Hundes

Die notwendigen Ausrüstungsgegenstände

Jeder Handwerksmeister benötigt, wenn er in seinem Beruf etwas leisten will, gutes und zweckentsprechendes Werkzeug. Was für den Handwerksmeister das Werkzeug ist, sind für den Hundehalter entsprechende Ausrüstungsstücke.

Gerade in dieser Hinsicht wird sehr viel gesündigt. Wie oft sehe ich Hunde, die an Leinen geführt werden, die jeder Beschreibung spotten. Ich denke hier auch an die Verantwortung des Hundehalters. Ist die Leine, die teilweise der Stärke eines Bindfadens gleicht, gerissen, und der Hund kommt frei und verursacht einen Schaden, so kann der Hundehalter seine Verantwortung nicht abwälzen. Er hat dann grob fahrlässig gehandelt. Auch die von der Industrie hergestellten Halsbänder, teilweise mit Perlen oder sonstigem Zierrat versehen, sind für die Ausbildung unseres Hundes ungeeignet. Nicht das Aussehen, sondern einzig und allein die Zweckmäßigkeit und Qualität sind entscheidend.

Die notwendigen Ausrüstungsstücke sind:
– eine gute Führleine,
– ein gut passendes Gliederhalsband,
– eine Anbindekette,
– eine Wurfkette.

Wie schon beschrieben, alle Ausrüstungsstücke müssen in Größe und Stärke zum Hund passen. Fragen Sie den Züchter oder den Fachhandel.

Die richtige Ausbildung fängt bereits damit an, daß Sie einwandfreie Hilfsmittel verwenden.

Die Führleine. Die Handleine soll aus festem und schmiegsamem Leder sein. Etwa zwei Meter lang, ein bis zwei Zentimeter breit. An beiden Enden befindet sich ein Haken. Auf diese Haken bitte besonders achten, da häufig Stärke und Zuverlässigkeit des Mechanismus in

62

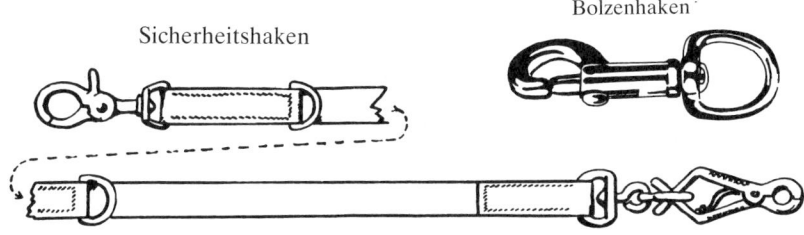

Sicherheitshaken

Bolzenhaken

Scherenhaken

Führleine mit Sicherheitshaken und Scherenhaken sowie zwei Ringen zum Verkürzen. Material: Leder, Länge etwa 2 Meter, Breite 1–2 Zentimeter

keinem Verhältnis zum Hund stehen. Haben Sie einen größeren Hund, so benötigen Sie auch eine breitere Leine mit stärkerem Haken. Bei der Führung eines scharfen Hundes empfehle ich dringend einen Sicherheitshaken, der in verschiedenen Ausführungen (als Scherenhaken oder Bolzenhaken) erhältlich ist. Als zweiter Haken genügt dann ein etwas kleinerer Scherenhaken, der ja nur die Aufgabe hat, die Führleine zu verkürzen. Die meisten Leinen werden noch mit zwei Sicherheitshaken hergestellt.

Warum ist der erwähnte Sicherheitshaken so notwendig? Ist Ihr Hund noch nicht 100%ig ausgebildet und zieht aus irgendeinem Grund an der Leine, so werden Sie diese instinktiv kürzer fassen. Je stärker Ihr Hund zieht, desto kürzer und fester fassen Sie die Leine an. Allzu leicht kommen Sie dabei in die Nähe des Scherenhakens. Jetzt nur noch ein Druck, und Ihr Hund ist frei! Und gerade das wollten Sie nicht. Der Sicherheitshaken kann nicht geöffnet werden, solange Ihr Hund an der Leine zieht. Das ist unmöglich.

Der zweite Haken, der zur Verkürzung der Leine dient, kann ein Scherenhaken sein. Hier sind zwei Arten auf dem Markt. Nur der mit zwei Blattfedern ist meines Erachtens brauchbar. Außerdem sollte jede Leine zwei Ringe aufweisen, in die wahlweise der Scherenhaken eingreift. Sie können dann die Leine auf 1,50 bzw. 1,00 Meter verkürzen.

Das Gliederhalsband. Das Gliederhalsband besteht aus einer Vielzahl runder oder ovalgedrehter Kettenglieder, die an beiden Enden in einen

63

Die Halsung für die Aus-bildung (Gliederhalsband)

größeren Ring münden. Achten Sie bitte auf Qualität. Gute Gliederhalsbänder sind nur aus einzeln verschweißten bzw. verlöteten Gliedern gefertigt.

Die beiden größeren Ringe am Gliederhalsband bezeichnet man als Gleit- und Zugring. Wollen Sie Ihrem Hund das Gliederhalsband umlegen, so lassen Sie, indem Sie den Gleitring mit der linken Hand festhalten, die Kette durch diesen bis zum Anschlag des Zugringes gleiten. Jetzt fassen Sie mit der linken Hand beide Ringe, mit der rechten Hand die Mitte der Kette und streifen sie über den Kopf Ihres Hundes, der dabei vor Ihnen sitzt. Achten Sie bitte auf das richtige Funktionieren des Halsbandes. Bei jedem Zug am Zugring soll er sich schließen, aber sofort wieder öffnen, wenn der Zug nachläßt. Die Größe ist richtig, wenn das Gliederhalsband gerade über den Kopf des Hundes gestreift werden kann.

Die Anbindekette. Die Anbindekette dient nur zum vorübergehenden Anlegen des Hundes. Eine Länge von 1,25 bis 1,50 m genügt. Die Stärke richtet sich nach der Größe des Hundes. Unser Hund soll durch sie nicht zum Kettenhund degradiert werden. Achten Sie beim Kauf

Leichte Kette zum Anlegen des Hundes mit 2 Simplerhaken, 3 Drehwirbeln und 2 Ringen

Die Wurfkette

darauf, daß mindestens zwei Wirbel in die Kette eingearbeitet sind. Besser ist, ein weiterer Mittelwirbel ist noch vorhanden; denn viele Hunde sind unruhig und versuchen, sich von der Kette zu befreien. Bei diesen Befreiungsversuchen kann sich die Kette zusammendrehen, wenn keine Wirbel vorhanden sind.

Die Wurfkette. Mehrere nicht zu schwere Kettenstücke werden parallel zueinander gelegt und an ihren Enden durch je einen Schlüssel- oder Knopfring miteinander verbunden. Die Wirkung wird erheblich verbessert, wenn an ihr eine oder zwei kleine Glocken angebracht sind. Die Aufgabe der Wurfkette besteht ja allein in dem beim Wurf verursachten klirrenden Geräusch und dem Zufügen eines geringen Schmerzes. Die Wurfkette ist groß genug, wenn sie die leicht geschlossene Hand ausfüllt.

Die Gehorsamsübungen

Bevor Sie mit der schulmäßigen Ausbildung Ihres Hundes beginnen, einige allgemeine Bemerkungen.

Überfordern Sie Ihren vierbeinigen Begleiter nie! Jeder Hund ist in sich anders veranlagt und mehr oder weniger führig. Die Führigkeit eines Hundes ist auch genetisch bedingt. Unterschiedliche Rassen sind unterschiedlich leicht oder schwer auszubilden. Und innerhalb einer Rasse ist die Führigkeit einzelner Hunde auch noch unterschiedlich. Dazu kommen Mentalität und Alter. Der eine Hund ist mit zehn, der andere erst mit zwölf bis vierzehn Monaten reif für eine schulmäßige Ausbildung. Hier muß der Ausbilder Fingerspitzengefühl beweisen, denn viel zu leicht ist ein junger Hund überfordert, und es dauert lange, bis ein einmal überforderter Hund wieder freudig bei der Sache ist.

Haben Sie Ihren Hund als Welpen bekommen und artgerecht aufgezogen, setze ich ein einwandfreies Vertrauensverhältnis Hund/Mensch bzw. Mensch/Hund voraus. Anders ist es, wenn Sie Ihren Hund als „älteren" übernommen haben. Jetzt muß, bevor mit der Ausbildung begonnen wird, dieses erst hergestellt werden. Hier bitte Geduld, denn es kann unterschiedlich lange dauern. Die Zeitspanne reicht von einer bis sechs Wochen.

Und noch etwas zur Methodik der Ausbildung. Es ist weit besser und nutzbringender, intensiv 5 bis 10 Minuten zu arbeiten, als 20 Minuten und mehr lustlos dahinplätschernd die Übungen abzuspulen. Daher merke: 5 bis 10 Minuten intensive Ausbildung betreiben, dann mindestens die gleiche Zeit mit dem Hund spielen und ihn für die nächste Übung oder Wiederholung vorbereiten und motivieren. Und noch etwas, seien Sie genau in den Ausführungen der Übungen. Genauigkeit und Konsequenz sind wichtige Grundbedingungen zum Gelingen.

Noch einige Sätze zu den Lautzeichen, die zum Ansprechen des Gehörs des Hundes bestimmt sind: Alle Lautzeichen müssen im Tonfall unterschiedlich sein. Der Tonfall macht die Musik! Die Lautzeichen sind der Einfachheit halber vermenschlicht. Für den Hund ist es egal, was ich sage, die Hauptsache ist doch, daß ich für jede Übung immer den speziellen Tonfall anwende.

Die Leinenführigkeit

Zweck der Übung. Der angeleinte Hund soll auf das Lautzeichen „Bei Fuß!" an der linken Seite und an loser Leine seinem Besitzer in jeder Gangart willig und freudig folgen und jede Wendung mitmachen, ohne lästig zu werden.

Lautzeichen. „Bei Fuß!" – lobend, aber bestimmt gesprochen!

Die Leinenführigkeit ist die Grundübung bei der Ausbildung des Hundes. Diese Übung ist nicht leicht für den Hund, denn er war es ja gewohnt, bei den täglichen Spaziergängen mit seinem Ausbilder herumzutollen, vorauszulaufen oder zurückzubleiben. Er konnte, seiner natürlichen Veranlagung entsprechend, überall dort schnüffeln, wo es für ihn interessant war. Mit einem Mal wird es anders, und es ist für den Hund eine große Umstellung. Jetzt soll er mit seinem „Leittier" gehen und alles für ihn Interessante vergessen. Er soll aber nicht schleichen, nein, er soll freudig und willig folgen. Wir wollen unseren Hund doch nicht zur Maschine degradieren.

Bevor man mit der eigentlichen Ausbildung beginnt, muß man sich ein klares Bild über die Empfindsamkeit seines Hundes verschaffen. Je empfindsamer er ist, um so weicher und gefühlvoller muß der Ausbilder mit seinen Einwirkungen auf ihn sein.

Bei der Leinenführigkeit ist der Hund mit seinem Ausbilder über die Führleine verbunden. Diese wird vom Ausbilder in die rechte Hand genommen und hat lose durchzuhängen. Immer wieder sehe ich, daß die Führleine viel zu straff gehalten wird. Dadurch kann der Ausbilder den Hund höchstens festhalten, aber niemals ausbilden. Mit einer straffen Leine kann der Ausbilder nicht auf das Gefühl des Hundes einwirken.

Die linke Hand des Ausbilders bleibt frei, denn sie wird zum Locken und Streicheln (Loben) benötigt. Sie werden sehen, daß der Hund nach kurzer Zeit die „gute" linke Hand sucht und dadurch freiwillig an der linken Seite des Ausbilders bleibt. Bei der Leinenführigkeit muß der Ausbilder versuchen, seinem Hund klarzumachen, daß das Laufen an der linken Seite die große Annehmlichkeit und das Vorpreschen, Zurückbleiben, nach links oder rechts Ausbrechen die Unannehmlich- **67** keit ist. Der Hund soll sich, wie bei jeder Übung, selbst entscheiden. Und er wird sich für die Annehmlichkeit entscheiden.

Der Hund kennt ja noch keine Übung, und der Ausbilder muß irgendwie anfangen. Im Anfang sei noch ein gutes Hilfsmittel erlaubt. Der Ausbilder ruft seinen Hund beim Namen und sofort anschließend das Lautzeichen „Bei Fuß". Das Lautzeichen wird erweitert, also „Axel – Bei Fuß!" Im selben Augenblick geht der Ausbilder in gerader Richtung los. Er muß aber freudig und flott gehen, sportlich, wie man so schön sagt.

Der Hund wird natürlich nicht folgen oder aber vorpreschen. Jetzt kommt die erste Einwirkung. Sie wird für den Hund unangenehm sein, denn er bekommt einen Ruck – bitte einen Ruck – an der Halsung. Dieser wird hervorgerufen durch ruckartiges Ziehen mit der rechten Hand an der Führleine. Einen Ruck kann der Ausbilder seinem Hund aber nur geben, wenn die Führleine vorher lose durchhängt.

Im selben Augenblick wird der Hund mit der linken Hand des Ausbilders gelockt, der mit ihr an seinen Oberschenkel klopft.

Ist der Hund in der Nähe der linken Seite des Ausbilders, folgt der angenehme Teil für den Hund, und er wird viel gelobt mit „So ist's brav!", dazu noch mit der linken Hand gestreichelt. Die Leine muß nun wieder lose durchhängen, denn gar zu schnell wird der Hund vergessen und wieder vorpreschen oder zurückbleiben. Wieder folgt

Links: Leinenführigkeit – Leine hängt lose durch und wird mit der rechten Hand festgehalten. Die linke Hand bleibt frei zum Loben. – Rechts: Die Leine wird auch mit der linken Hand gehalten und ist viel zu stramm

*Der Hund bekommt bei Bedarf
mit der Führleine einen Ruck an
der Halsung. Die linke Hand
bleibt frei zum Loben*

die unangenehme Einwirkung an der Halsung, verursacht durch den Ruck an der Leine – usw. usw.

Diese Übung muß häufig wiederholt werden. Der Ausbilder wirkt bei ihr auf drei Sinne des Hundes ein. Auf das Gehör durch das Lautzeichen „Bei Fuß!", auf das Gesicht, indem der Ausbilder mit der linken Hand auf seinen Oberschenkel klopft, und auf das Gefühl durch den Ruck in der Halsung.

Dieser Ruck ist für den Hund die Unannehmlichkeit, da das ruckartige Ziehen an der Halsung den Hund schmerzt. Die große Annehmlichkeit für ihn ist, daß er viel gelobt wird und ohne Schmerzen an der linken Seite seines Ausbilders laufen darf.

Der Hund wird immer wieder vergessen und vor allen Dingen zu Anfang immer wieder ausbrechen. Das Ausbrechen muß also dem Hund durch ruckartiges Ziehen in Verbindung mit dem Lautzeichen „Bei Fuß!" unangenehm gemacht werden. Das richtige Verhalten dann aber auch dementsprechend belohnen. Viel und tüchtig loben. Der Hund wird sich bestimmt für das Angenehme entscheiden, und sollte er später auszubrechen versuchen, so genügt schon das Lautzeichen „Bei Fuß!". Der Hund hat ja verknüpft, und er verbindet in seinem Gehirn mit dem Lautzeichen den kommenden Schmerz an der Halsung, und das will er nach Möglichkeit verhindern.

Der Ausbilder hat auch seine Gangart zu verändern. Ebenfalls sind Wendungen zu üben. Bei jeder Veränderung der Gangart ist das Lautzeichen zu geben, und wenn der Hund nicht sofort folgt, wieder ein Ruck an der Halsung und anschließend locken und viel loben.

69

Auch bei Wendungen hat der Ausbilder eine gute Möglichkeit der Einwirkung. Verändert er seine Marschrichtung nach rechts, so wird der Hund noch einige Schritte geradeaus laufen. Das soll er aber nicht, und schon bekommt er wieder einen Ruck an der Halsung, und anschließend wird wieder gelockt und gelobt. Das Lautzeichen „Bei Fuß!" aber immer mit dem Ruck an der Halsung verbinden. Es wird nicht lange dauern, und der Hund bleibt freudig beim Ausbilder.

Nun noch ein sehr schönes Hilfsmittel für die Leinenführigkeit. Der Ausbilder geht mit seinem Hund in einen Wald. Die Bäume haben einen Durchmesser von 10 bis 15 cm. Entfernt sich der Hund dann vom Ausbilder, wird der Hund durch die sich plötzlich strammende Leine mit dem Kopf an den Baum, der zwischen Ausbilder und Hund steht, gezogen. Der Hund kann nicht logisch denken, und er wird nie verstehen, daß der Ausbilder den Schmerz verursacht hat. Für den Hund tut der Baum weh, und zwar dann, wenn er zu weit vom Ausbilder entfernt geht. Diese Übung zwei- bis dreimal richtig angewandt, und es wird nicht mehr gelingen, einen Baum zwischen Ausbilder und Hund zu bekommen. Der Hund schmiegt sich mit Gewalt an seinen Ausbilder.

Links: Ein Hilfsmittel zum Erziehen der Leinenführigkeit. – Rechts: Der Hund ist überlistet, der Baum tut weh!

Wir brauchen für diese Übung keine Gerte zum Schlagen. Wie oft sehe ich, daß der Hund, wenn er vorprescht, geschlagen wird. Völlig falsch, denn dadurch wird das Vertrauen beeinträchtigt. Noch schlimmer ist es, wenn der Hund mit der Leine geschlagen wird, das sind üble Angewohnheiten der Menschen. Legt sich ein Hund auf den Rücken, wenn er von seinem Besitzer angeleint werden soll, ist es ganz klar, daß dieser Hund mit der Leine geschlagen worden ist. Die Leine ist und bleibt etwas „Gutes" für den richtig abgeführten Hund, sie soll für ihn „Ausgehen" bedeuten.

Üben Sie täglich mit Ihrem Hund, aber nicht zu lange. Lieber kurz und intensiv, als den ganzen Vormittag durch lahmes Laufen, unrichtige Lautzeichen oder weniges Loben zu vertrödeln. 30 Minuten pro Tag genügen. Fünf Minuten arbeiten, fünf Minuten Pause. Diese Pause immer zum Spielen mit dem Hund benutzen. Durch dieses Spielen wird der Hund wieder aufgemuntert. In rund einer Woche ist der Hund dann bestimmt in etwa leinenführig, und Sie können mit einer weiteren Übung beginnen. Als nächstes folgt das „Setzen".

Das Setzen

Zweck der Übung: Der Hund soll sich auf Lautzeichen, und wenn der Besitzer stehenbleibt, setzen.

Lautzeichen: „Setz dich!" – hoch lobend gesprochen
(Betonung auf dem letzten Wort).

Genau wie bei der Leinenführigkeit hat der Hund bei dieser Übung nur auf der linken Seite seines Ausbilders etwas zu suchen. Bei dieser Übung werden auch wieder drei Sinne angesprochen. Einmal das Gehör durch das Lautzeichen „Setz dich!", dann das Gefühl, indem der Ausbilder mit der linken Hand auf die Kruppe des Hundes greift und einen leichten Druck ausübt. Die Hinterhand des Hundes wird hinuntergedrückt. Um überhaupt diesen Druck ausführen zu können, muß der Ausbilder eine leichte Linksdrehung vornehmen. Dadurch wird schon das Gesicht des Hundes angesprochen. Er ist ein guter Beobachter und registriert diese Bewegung genau. In der rechten Hand hat der Ausbilder die Handleine. Diese wird strammgezogen und etwas hoch gehalten. Dadurch wird vermieden, daß der Hund sich hinlegt. Durch die Bewegung der Hände des Ausbilders, linke Hand runter, rechte Hand hoch, entsteht zwangsläufig eine Hebelbewegung.

Links: Die Hinterhand des Hundes wird hinuntergedrückt. – Rechts: Sitzt der Hund, so richtet sich der Ausbilder langsam und vorsichtig wieder auf

Grundsätzlich nur einmal das Lautzeichen geben und die von mir beschriebenen Bewegungen und Einwirkungen ausführen.

Sitzt der Hund, so richtet sich der Ausbilder langsam und vorsichtig auf. Er muß aber jederzeit bereit sein, wieder einzuwirken, wenn der Hund aus seiner Sitzstellung aufstehen will. Einige Sekunden hat der Hund so sitzen zu bleiben. – Bei kleineren Hunderassen geht der Ausbilder in die Hocke. Mit dem nächsten Lautzeichen „Bei Fuß!" wird die Übung beendet, und erst jetzt wird der Hund im Vorwärts-schreiten viel und tüchtig gelobt. Diese Übung kann oft wiederholt werden. – Warum ist der Hund *während* dieser Übung nicht zu loben? Unser Hund würde vor Freude aufspringen, und der gewünschte Zweck wird nicht erreicht.

Im Anfang bitte beim Hund alle Sinne, so wie von mir beschrieben, ansprechen. Hat der Hund die Zusammenhänge dieser Übung erst in seinem Gehirn verknüpft, so werden wir feststellen, daß der Druck auf die Kruppe – die unangenehme Einwirkung – nicht mehr nötig ist. Unser Hund entscheidet sich von selbst, und bevor der Ausbilder den Druck ausführen kann, hat der Hund sich schon hingesetzt, er hat bereits verknüpft, und die kleine Körperdrehung nach links in Verbindung mit dem Lautzeichen genügt. Diese Übung kann zur Perfektion werden, und eines Tages ist die Körperdrehung auch nicht mehr nötig. Es genügen schon das Lautzeichen und das Heben der rechten Hand. Auch dieses Heben der Hand wird später nicht mehr nötig sein, und das Lautzeichen in Verbindung mit dem Stehenbleiben des Ausbilders genügt für den Hund, und er wird sich setzen.

Der Hund soll sich an der linken Seite, und zwar rechtwinklig zum Besitzer, setzen. In der ersten Zeit wird der Hund ausbrechen, und er sitzt dann entweder entfernt oder in einem schlechten Winkel zum Ausbilder. Hier noch ein Hilfsmittel: Der Ausbilder geht so, daß bei der Übung links vom Hund sich ein Baum oder eine Wand befindet. Dadurch kann der Hund nicht ausbrechen, und wir haben das gewünschte Ziel ohne Zwang erreicht. Der Hund gewöhnt sich so an die richtige Sitzstellung.

Jetzt sind bereits zwei Übungen schulmäßig gelernt, und ich warne alle Ausbilder, den Hund zu überfordern. Diese beiden Übungen müssen erst hundertprozentig in seinem Gehirn verknüpft sein, dann kann mit einer weiteren Übung begonnen werden. Als nächstes empfehle ich das „Stehen".

Links: Der Hund sitzt an der linken Seite seines Herrn! Die linke Hand ist frei, und es wird nach Beendigung dieser Übung im Vorwärtsschreiten mit der guten (linken) Hand viel und tüchtig gelobt. – Rechts: Die linke Hand ist nicht frei! Der Hund kann nach der Übung nicht gelobt werden

73

Das Stehen

Zweck der Übung. Der Hund soll auf Laut- und Sichtzeichen ruhig neben seinem Ausbilder stehenbleiben.

Lautzeichen „Steh!" – lang, gedehnt und warnend gesprochen!

Diese Übung soll der Hund lernen, damit er bei schlechtem Wetter oder bei längerem Aufenthalt nicht auf der kalten und nassen Erde liegen bzw. sitzen muß. Es ist ratsam, in der Stadt vorm Überschreiten der Straße an der Bordsteinkante den Hund stehen zu lassen. Der Hund verknüpft „Bordsteinkante" mit „Stehenbleiben". Das unkontrollierte Laufen über die Straße wird damit verhindert. Die Übung braucht sehr viel Geduld und Einfühlungsvermögen. Zuvor sei noch gesagt, daß der Hund nicht schlagartig stehenbleiben kann. Er braucht ein oder zwei Schritte zum Verhalten (Auslaufen). Bleibt der Ausbilder ruckartig stehen, so wird der ausgebildete Hund sich setzen.

Bei der Übung werden, genau wie bei den ersten beiden Übungen, auch drei Sinne des Hundes angesprochen. Das Gehör durch das Lautzeichen „Steh!" – lang, gedehnt und warnend gesprochen. Das Gefühl durch die linke Hand, indem diese über das linke Auge, das linke Ohr und über den Rücken bis zu den Weichteilen des Hundes streicht. Will der Hund sich setzen, so wird die Hinterhand (Hinterteil des Hundes) angehoben. Das Lautzeichen und die Bewegungen der linken Hand des Ausbilders sind immer zu wiederholen, bis zu zehnmal bei einer Übung. Erst wenn der Hund diese Übung verknüpft hat, können die Wiederholungen eingestellt werden, und es genügt einmal das Lautzeichen in Verbindung mit dem Ansprechen des Gefühls.

Das Gesicht wird auch angesprochen. Die Bewegung des Ausbilders mit der linken Hand vor der Berührung des Hundes wird vom Hund wahrgenommen und registriert. Seine Beobachtungsgabe ist so groß, daß später nur diese kleine Bewegung genügt. Bis ein Hund so weit ausgebildet ist, bedarf es allerdings vieler Arbeit.

Ganz behutsam kann das Ansprechen des Gefühls eingestellt werden. Es genügen dann die Handbewegung zum Streichelnwollen und das Lautzeichen. Diese Übung ist für den Hund angenehm. Will er sich setzen, sofort das Setzen unangenehm (Anheben der Hinterhand) machen. Der Hund wird verknüpfen, daß das Setzen jetzt unangebracht ist und es unterlassen. Noch etwas ist wichtig zu wissen. Bei dieser Übung muß der Ausbilder, wenn er langsam stehenbleibt, in einem Atemzug mit dem Lautzeichen, Sichtzeichen und der Einwirkung auf das Gefühl den Hund ansprechen. Es dürfen keine Pausen entstehen.

Während der Übung darf der Hund nicht gelobt werden, er würde sonst nicht stehenbleiben und vor Freude hin und her springen. Mit dem nächsten Lautzeichen „Bei Fuß!" wird die Übung beendet, und erst jetzt wird der Hund im Vorwärtsschreiten viel und tüchtig gelobt. Der eine oder andere Hund wird versuchen, sich hinzulegen. Auch diese Möglichkeit wird für den Hund unangenehm gemacht, indem er mit der strammen Führleine, die mit der Halsung verbunden ist, am Hinlegen gehindert wird. Sollte die Übung nicht gleich glücken, so bitte nicht ungeduldig werden. Geduld – Geduld und nochmals Geduld.

Gerade bei dieser Übung sehe ich immer wieder, wie Hunde von den Ausbildern in die Weichteile getreten werden, nur um das Setzen zu verhindern.

Oder wenn die Hunde sich legen, so treten unbesonnene Ausbilder die Hunde auf die Vorderläufe, damit sie aufstehen sollen. Diese Ausbildungsmethode zerstört das Vertrauen und ist nicht richtig.

Links: Die linke Hand streicht beim Hund über das linke Auge, das linke Ohr bis zu den Weichteilen. – Rechts: Will der Hund sich bei dieser Übung setzen, so wird seine Hinterhand (Hinterteil des Hundes) wieder angehoben

Das Platzmachen

Zweck der Übung. Der Hund soll sich auf das Lautzeichen „Platz!"
schlagartig hinwerfen, damit er nötigenfalls in jeder Situation ausgeschaltet werden kann.

Lautzeichen. „Platz!" – kurz, energisch, befehlend und laut gesprochen.

Die Übung gehört zu den Grundkenntnissen und ist von größter
Wichtigkeit für den Besitzer des Hundes. Immer wieder kommt es vor,
daß in einer bestimmten Situation der Hund ausgeschaltet werden
muß. Er kann nicht überall gebraucht werden und muß demzufolge
diese Übung beherrschen. Es ist aber nicht einfach, sie ihm beizubringen.

Es gibt mehrere Methoden, je nach Veranlagung des Hundes. Ist der
Hund leicht zu führen und er kennt schon die „Sitzübung", so kann der
Ausbilder das „Platzmachen" aus dieser Übung überleiten.

Wie gesagt, für leicht führige, kleinere und in sich weiche Hunde,
vor allem bei Hündinnen, zu empfehlen.

Der Hund sitzt, vom Ausbilder werden ihm mit der rechten Hand
die Vorderläufe nach vorne gezogen, gleichzeitig drückt die linke Hand
in Höhe des Widerristes den Hund nach unten. Während des Ziehens
und Drückens ist das Lautzeichen „Platz!" zu geben. Der Hund muß
sich legen, ob er will oder nicht! Wenn nicht sofort, den Druck mit der
linken Hand verstärken. Liegt der Hund, mit gestrecktem Arm über
dem Hund stehenbleiben.

Nach einigen Sekunden kann sich der Ausbilder ganz langsam
aufrichten. Er muß jedoch jederzeit bereit sein, sofort wieder einzuwirken, wenn der Hund aus seiner Platzstellung aufstehen will.

Angesprochen werden bei dieser Methode das „Gehör", „Gesicht"
und „Gefühl".

Folgende Methode bezeichne ich als Tierquälerei. Der Hund wird
von seinem Ausbilder zunächst mit einem Maulkorb versehen (diese
Feiglinge). Der Ausbilder hält die Führleine stramm in der rechten
Hand und tritt mit einem Fuß auf die Leine. Dadurch wird die Halsung
zugeschnürt und der Hund nach unten gezogen. Diese Methode hat
nichts mit zeitgemäßer Ausbildung zu tun; sie quält das Tier!

Nun zu meinem Verfahren, nach dem alle Polizeidiensthunde ausgebildet werden. Ganz ohne Zwang kann dies nicht erfolgen, wir wollen
aber ein Mindestmaß anwenden.

Wichtig ist weiter, daß wir natürlich handeln. Dazu eine Erklärung: Wenn sich zwei Hunde raufen, es kommt leider immer wieder vor, so wird einer der Gewinner und einer der Verlierer sein. Der Verlierer wird, wenn er merkt, daß er der Schwächere ist, sich schlagartig verkleinern und hinwerfen. Er liegt dann so, daß er seine Halsschlagader freigibt. Der Sieger steht über dem Verlierer, und der Kampf ist aus. Niemals wird ein Hund den anderen töten. Und wenn, dann hat der Mensch seinen Hund dazu erzogen, und es hat nichts mehr mit Natürlichkeit zu tun.

Bei unserem Hund wollen wir der Gewinner sein. Ist es nicht so, wird das Zusammenleben von Mensch und Hund unerträglich. Festzuhalten ist, daß der Verlierer instinktiv seine Oberfläche verkleinert, indem er sich hinwirft. – Und nun zur Übung. Der Ausbilder geht mit seinem Hund „Bei Fuß". Er verhält ganz leicht in seinem Tempo, macht eine schnelle Linksdrehung, beugt sich über den Hund und greift mit der linken Hand zur Kruppe, mit der rechten zum Widerrist und stößt den Hund, unter gleichzeitigem Geben des Lautzeichens „Platz!" – energisch, kurz und befehlend gesprochen – zur Seite um.

Bewußt sage ich, zur Seite umstoßen. Nach unten drücken ist meistens nicht möglich, denn der Hund stemmt sich gegen die Einwirkung von oben und wird seine Läufe nicht einknicken. Die Drehung nach links, das Geben des Lautzeichens und das Umstoßen haben blitzartig zu erfolgen. Der Hund darf das Wollen nicht erkennen. Hier liegt die Schwierigkeit. Der Hund ist ein guter Beobachter und erkennt leicht das „Wollen" des Ausbilders. Der Hund muß hier überrumpelt werden!

Liegt der Hund, egal wie, so muß der Ausbilder mit gestreckten Armen über dem Hund stehenbleiben, wie schon geschrieben. Die Gefahr von oben muß vorhanden bleiben. Nach einigen Sekunden kann sich der Ausbilder ganz langsam aufrichten. Er muß aber jederzeit bereit sein, sofort wieder einzuwirken, wenn der Hund aus seiner Platzstellung aufstehen will.

Mit dem nächsten Lautzeichen „Bei Fuß!" wird die Übung beendet, und erst jetzt wird der Hund im Vorwärtsschreiten viel und tüchtig gelobt. Das viele Loben ist hier besonders wichtig, denn der Hund soll den Zwang vergessen und wieder Vertrauen zu seinem Ausbilder gewinnen.

Diese Übung kann daher auch nicht so oft wiederholt werden. Lieber wenig und richtig, als viel und falsch. Wie verknüpft der Hund diese Übung? Drei Sinne werden hier angesprochen. Das Gehör durch das

Der Ausbilder macht eine schnelle Linksdrehung, beugt sich über den Hund, greift mit der linken Hand zur Kruppe, mit der rechten Hand zum Widerrist und stößt den Hund um!

Lautzeichen „Platz!"; das Gefühl durch das Umstoßen (linke Hand Kruppe – rechte Hand Widerrist) und das Gesicht durch die Linksdrehung, die erforderlich ist, um den Hund umzustoßen. Außerdem bleibt der Ausbilder in gebückter Stellung über dem Hund mit gestreckten Armen stehen. Der Hund verknüpft jetzt, d. h., er registriert den Tonfall im Zusammenhang mit der Bewegung und den Schmerz des Umstoßens.

Das Umstoßen ist unangenehm für den Hund. Bei dieser Übung droht Gefahr von oben, und er verkleinert sich nach einigen Übungen ganz schnell, indem er sich hinlegt. Die Linksdrehung des Führers genügt später als Signal dafür.

Auch bei dieser Methode wird ein gewisser Zwang ausgeübt. Das ist erforderlich, und wenn die Ausbildung richtig gehandhabt wird, ist der Zwang in verhältnismäßig kurzer Zeit überstanden. Der Hund hat wieder selbst zu entscheiden: Liegen ist angenehm, Umstoßen ist unangenehm. Als Egoist wird er sich sehr bald für das Angenehme entscheiden.

Anstatt des „Umstoßens fort vom Ausbilder" kann dieser seinen Hund auch zu sich hinunterdrücken. Diese Abwandlung ist für den in sich weicheren Hund, z. B. für eine weiche Hündin, gedacht. Der Hund wird beim Anhalten und Linkswenden des Ausbilders mit der

Die Gefahr von oben muß vorhanden bleiben. Nach einigen Sekunden kann sich der Ausbilder ganz langsam aufrichten

rechten Hand in Höhe des Widerristes und mit der linken Hand in Höhe der Kruppe einfach in Richtung des Ausbilders umgestoßen und so auf „Platz" gebracht. Beim Umstoßen wird gleichzeitig das entsprechende Lautzeichen „Platz!" gegeben.

Die Freifolge
(Folgen frei bei Fuß)

Zweck der Übung. Der Hund soll, auch wenn er nicht angeleint ist, freudig und vertrauensvoll an der linken Seite seinem Besitzer überall hin folgen, ohne lästig zu werden.

Lautzeichen. „Bei Fuß!" – lobend, aber bestimmt gesprochen.

Bei der Freifolge ist der Hund nicht mehr durch die Führleine mit seinem Ausbilder fest verbunden. Trotzdem soll er willig und freudig folgen.
  Diese Übung kann nur zum Erfolg führen, wenn die Leinenführigkeit beim Hund fest verankert ist. Der Ausbilder hat hier nicht mehr die Möglichkeit der Einwirkung auf das Gefühl, und jetzt beweist es sich, ob der Hund vertrauensvoll beim Ausbilder bleibt oder wegen einer schlechten Behandlung fortläuft. Bei der Übung können nur zwei Sinne des Hundes angesprochen werden. Das Gehör durch das Lautzeichen „Bei Fuß!" und das Gesicht durch das Klopfen an den Oberschenkel.

Freudig und vertrauensvoll soll der Hund an der linken Seite seines Ausbilders laufen. Richtig ist es, wenn der Hund die linke (gute) Hand seines Ausbilders sucht

Die Freifolge wird im Anfang mit der Übung der Leinenführigkeit verbunden. Während der Übung „Leinenführigkeit" wird die Leine fallen gelassen, und der Ausbilder merkt, ob der Hund an der linken Seite bleibt. Versucht der Hund auszubrechen, so tritt der Ausbilder auf die Leine, und durch den plötzlichen Ruck erfolgt wieder die Einwirkung auf das Gefühl. Jetzt ist erneut die Leinenführigkeit mit allen Einwirkungen (Gefühl, Gehör und Gesicht) zu üben und dann dabei wieder die Leine fallen zu lassen, um die freie Folge zu erreichen.

Bei dieser Übung besonders an die gute linke Hand denken. Sie ist jetzt das Bindeglied zwischen Mensch und Hund. Im Anfang immer geradeaus gehen. Ist der Hund fest, so können Wendungen geübt werden. Hängt der Hund nach, kommt er also nicht mehr, so einige Schritte laufen und das Lautzeichen „Bei Fuß!" geben. Macht er seine Übung gut, so ist der Hund viel zu loben. Durch das Loben wird er hochspringen und an der linken Seite tänzeln. Spielt keine Rolle, die Hauptsache ist, der Hund bleibt auf der linken Seite beim Ausbilder und läuft nicht fort.

Mir ist ein Hund, der freudig und vertrauensvoll an der linken Seite seines Ausbilders tänzelt und die linke Hand sucht, viel lieber, als ein gedrückt laufender Hund. – An der Kopf- und Rutenhaltung sieht man die innere Verfassung des Hundes, und nur der Hund, der den Kopf gehoben hat und mit der Rute wedelt, ist richtig ausgebildet.

Platzmachen und Dableiben
(Setzen und Dableiben / Stehen und Dableiben)

Zweck der Übung. Der Hund soll auf das Lautzeichen „Bleib da!" zurückbleiben und nicht folgen. Er soll so lange an der Stelle liegen-, sitzen- oder stehenbleiben, bis er abgeholt wird.

Lautzeichen. „Platz – Bleib da!"
       (a)   (b)
(a) kurz, energisch, befehlend und laut gesprochen
(b) gedehnt – warnend gesprochen

„Setz dich – Bleib da!"
       (a)   (b)
(a) hoch lobend gesprochen, Betonung liegt auf dem letzten Wort
(b) gedehnt – warnend gesprochen

„Steh – Bleib da!"
– gedehnt und warnend gesprochen

Die Übungen „Setzen", „Stehen" und „Platzmachen" sollen durch diese drei Übungen vor allen Dingen gefestigt werden. Der Ausbilder hat selbstverständlich mit einer Übung anzufangen, und erst wenn diese vom Hund verknüpft worden ist, kann mit einer weiteren begonnen werden. In jeder Woche eine Übung genügt. Angefangen wird mit dem „Platzmachen und Dableiben", es folgt das „Setzen und Dableiben" und das „Stehen und Dableiben". Der Ausbilder fängt mit der leichtesten Übung an, denn hat der Hund das „Platzmachen" erst richtig verknüpft, bleibt er lieber liegen als sitzen und stehen.

Und nun zur Übung: Das Liegen des Hundes soll ja unter allen Umständen gefestigt werden, und daher sind noch einige Vorübungen notwendig. Der Hund liegt neben seinem Ausbilder (Grundstellung). Zwei Schritte geht der Ausbilder vorwärts, dreht sich dabei langsam zum Hund und stellt sich vor diesen. Hierbei erhält der Hund das Lautzeichen „Platz!". Einige Sekunden stehenbleiben und wieder zurück zur Grundstellung. Aber immer darauf bedacht sein, daß der Hund liegenbleibt. Will er aufstehen, so mit dem Lautzeichen einwirken. Diese Vorübung ist mehrfach zu wiederholen, und erst wenn der Hund fest liegt, geht der Ausbilder auf die andere Seite des Hundes, geht auch einmal um ihn herum und kommt wieder zur Grundstellung.

81

Setz dich – Bleib da! Leine fallen lassen und Abstand zum Hund langsam vergrößern!

Liegt der Hund fest und versucht nicht mehr aufzustehen, kann mit der eigentlichen Übung begonnen werden. Der Ausbilder steht neben seinem Hund in Grundstellung. Geht zwei Schritte vorwärts und dreht sich langsam zum Hund – Auge in Auge. Jetzt geht er langsam rückwärts von seinem Hund fort und gibt ihm das Lautzeichen „Bleib da!" – gedehnt und warnend. Das Gesicht des Hundes wird angesprochen, indem der Ausbilder beide Hände so hält, als wolle er seinen Hund segnen.

Im Anfang nur zwei bis drei Schritte fortgehen, eine Leinenlänge, denn die Leine befindet sich immer noch in der rechten Hand. Übung beenden und wieder zurück zum Hund in Grundstellung. Diese Übung, so wie beschrieben, oft wiederholen. Später wird die Leine fallen gelassen und der Abstand zwischen Mensch und Hund von Tag zu Tag vergrößert.

Werden die Laut- und Sichtzeichen richtig gegeben, hat der Hund sehr schnell verknüpft, daß er liegenbleiben soll. Diese Übung kann erweitert werden, und der Ausbilder kann bis zu 10 Minuten von seinem Hund fortgehen und sich verstecken, dem Hund unsichtbar machen.

Sollte der Hund aufstehen und nachlaufen, so wird er wieder auf seinen Platz gebracht. Das rückwärts Vom-Hund-Fortgehen kann später auch unterbleiben.

Die ganze Übung sieht dann so aus: Der Hund geht „Bei Fuß" (Leinenführigkeit). Der Ausbilder läßt ihn „Platzmachen" mit dem Lautzeichen (Platz!), stellt sich vor ihn, gibt das Laut- und Sichtzeichen (Bleib da! – gestreckte Hände), dreht sich wieder mit dem Rücken zum Hund und geht 20 bis 30 Schritt fort. Hier einige Zeit verharren und wieder zurück zum Hund in Grundstellung. Leine aufnehmen, Lautzeichen „Bei Fuß!" und vorwärts schreiten. Jetzt ist die Übung beendet, und der Hund wird viel gelobt.

Genauso werden die beiden anderen Übungen ausgeführt. Nur andere Lautzeichen. Beim „Stehen und Dableiben" wird es etwas schwieriger sein, und hier wird vom Ausbilder viel Geduld verlangt.

Vorschicken ohne Auftrag

Zweck der Übung. Durch das Lautzeichen „Lauf – lauf!" wird der Hund vorgeschickt, um sich in Freiheit zu tummeln.

Lautzeichen. „Lauf – lauf!" – kurz, aufmunternd und lobend gesprochen.

Kommen auf Rufen

Zweck der Übung. Freudig und in schneller Gangart hat der Hund sich seinem Besitzer zu nähern und direkt vor ihn zu setzen. Durch diese Übung kann der Besitzer beweisen, daß er seinen Hund in der Gewalt hat.

Lautzeichen. „Axel – hier!" – lobend und langgezogen gesprochen.

Unser Hund soll keine Maschine werden. Von Zeit zu Zeit muß er seine Freiheit haben und sich bewegen können, wie er will. Das Lautzeichen „Lauf – lauf!" wird aufmunternd gesprochen, und je nach der Ausgangsposition sprechen wir das Gehör, Gefühl und Gesicht an.

Der Hund sitzt in Grundstellung beim Ausbilder. Es folgen die Einwirkungen auf den Hund. Das Lautzeichen – „Lauf – lauf!" –, die Einwirkung auf das Gefühl durch das Lösen der Leine von der Halsung und die Einwirkung auf das Gesicht durch das Sichtzeichen, indem der Ausbilder die rechte Hand ermunternd nach vorn streckt und, wenn nötig, noch selber einige Schritte nach vorn läuft. Sehr bald wird unser

Hund verknüpft haben, daß er die Freiheit hat und sich frei bewegen darf. Hat er sich genügend getummelt und soll wieder zum Ausbilder kommen, folgt die Übung „Kommen auf Rufen".

Freudig und in schneller Gangart soll der Hund jetzt kommen und sich vor seinen Ausbilder setzen. Hier entscheidet die gute Behandlung über Kommen oder Nichtkommen. Sollte er mal nicht kommen, so ist er nicht immer ungehorsam. Denken Sie an das „Zeitungslesen" Ihres Hundes und beachten Sie das Beispiel in der nachfolgenden Abhandlung „Die Wurfkette".

Diese wichtige Übung „Kommen auf Rufen" wird wie folgt durchgeführt. Rufen Sie Ihren Hund mit Namen und Lautzeichen „Hier!" – lobend und langgezogen gesprochen. Hebt der Hund jetzt nur seinen Kopf und will nicht kommen, so laufen sie in entgegengesetzter Richtung. Seine natürliche Anhänglichkeit wird sich durchsetzen, und er kommt. Der Ausbilder hat sich dann immer so zu drehen, daß der Hund direkt auf ihn zukommt. Ist der Hund bis auf ein/zwei Schritte herangekommen, folgt das Lautzeichen „Setz dich!", und er hat sich zu setzen. Denken Sie hier an die Hebelbewegung mit dem Körper. Eine gute Hilfe für den Hund, und Sie haben die Möglichkeit, auch auf zwei seiner Sinne einzuwirken. Nun wird die Übung unterbrochen und das Kommen belohnt. Viel loben und dem Hund vielleicht auch noch einen Leckerbissen geben.

Erst wenn der Hund sicher kommt, kann die Übung erweitert werden, denn er soll sich ja wieder in Grundstellung begeben. Der Hund sitzt also vor seinem Ausbilder, wird angeleint, und es folgt das Lautzeichen „Bei Fuß!". Der Ausbilder geht jetzt zwei Schritte rückwärts, damit der Hund aufsteht. Ist der Hund aufgestanden, sofort einige Schritte vorwärts gehen, und zwar rechts am Hund vorbei. Die gute linke Hand lockt den Hund, er dreht sich und steht in Grundstellung. Jetzt folgt das Lautzeichen „Setz dich!", und der Hund hat sich zu setzen. Das Vorwärts- und Rückwärtsgehen wird nach und nach eingestellt, und es bleiben die Lautzeichen mit dem Locken der linken Hand. Sehr schnell hat der Hund verknüpft, daß er sich wieder in die Grundstellung zu setzen hat.

Um aus dem „Sitzen vor" die Grundstellung einzunehmen, gibt es noch eine zweite Möglichkeit: Der Hund läuft auf Laut- und Sichtzeichen um den Ausbilder herum. Bei dieser Methode sitzt der Hund dann meist besser in der Grundstellung. Der Hund sitzt also noch vor dem Ausbilder, wird wie vor angeleint, und es folgt das Lautzeichen

„Bei Fuß!". Der Ausbilder macht zwei Schritte rückwärts und zieht den Hund rechts an sich vorbei. Dann einen halben Schritt vorwärts, die Leine schnell hinter dem Rücken mit der linken Hand übernehmen und wieder vorne mit der rechten Hand ergreifen. Die linke Hand ist dann wieder frei, um sie dem Hund anzubieten, also zum Streicheln. Der Hund soll ja gerade in der Grundstellung eine Annehmlichkeit empfinden. Sitzt der Hund anfangs nicht richtig, so nicht ungeduldig werden. Der Ausbilder hat sich dann zum Hund zu stellen. Eine reine Gewöhnung für den Hund. Diese Übung ist nicht einfach für den Hund und erfordert vom Ausbilder sehr viel Geduld.

Nun gibt es aber auch Hunde, die beim besten Willen nicht kommen wollen. Der Spieltrieb, die Leidenschaft für Hase, Kaninchen oder Katze ist größer als das Kommen. Hier muß der Ausbilder einen anderen Weg gehen. Beschaffen Sie sich eine leichte, etwa 20 Meter lange Kunstfaserleine. Der Hund bleibt also angeleint beim freien Laufen, und mittels dieser Leine kann der Ausbilder auf ihn einwirken.

Wird der Hund gerufen und kommt nicht, so folgt die Einwirkung auf das Gefühl. Durch einen kräftigen Ruck über die Leine an der Halsung wird er an das Kommen erinnert. Nicht heranziehen, das wollen wir nicht, freiwillig soll er kommen. Die Einwirkung, der Ruck in der Halsung, macht das Nichtkommen für den Hund unangenehm, und das im selben Augenblick erfolgte Locken und Rufen und spätere Loben ist etwas Angenehmes für ihn. Er hat sich hier wieder frei zu entscheiden.

Vor allen Dingen bei dieser Übung niemals die Geduld verlieren. Der Hund ist ein guter Beobachter und sieht an unserem Mienenspiel, ob wir gut oder schlecht gelaunt sind. Hier müssen wir uns beherrschen. Ich weiß aus Erfahrung nur zu gut, daß es sehr schwer ist. Da steht er und kommt trotz guter Behandlung nicht! Ich weiß, es ist schwer, sich hier zu beherrschen, aber es muß sein.

Ablegen und Abrufen

Zweck der Übung. 1. Der Hund soll auf Lautzeichen zurückbleiben und nicht folgen. Er hat so lange dort zu verweilen, bis er abgerufen wird. – 2. Auf Lautzeichen hat sich der Hund freudig und schnell seinem Ausbilder zu nähern und vor ihn zu setzen. – 3. Auf Lautzeichen hat der Hund sich in Grundstellung neben den Ausbilder zu setzen.

Lautzeichen. Zu (1) „Platz – Bleib da!" (s. „Platzmachen und Dableiben"); (2) „Axel – hier!" – lobend und langgezogen gesprochen; (3) „Bei Fuß!" (s. „Die Freifolge").

Ich bin von dieser Übung nicht sehr erbaut. Der richtig behandelte Hund, der ohne Zwang und Schläge ausgebildet wurde, wird jederzeit freudig und vertrauensvoll zum Ausbilder kommen. Viel lieber ist mir die Übung „Platzmachen und Dableiben". Nicht ohne Grund wurde von mir darauf hingewiesen, daß der Hund immer abzu*holen* ist. Haben wir unseren Hund abgelegt und bereits mehrfach abge*rufen*, so ist die Übung „Platzmachen und Dableiben" in Frage gestellt. Der Hund als aufmerksamer Beobachter wird dann immer lauschen, und wehe dem Ausbilder, er gibt jetzt ein gleichklingendes Lautzeichen. Schon kommt der Hund. Er liegt dann nicht mehr fest. Es ist auch zu natürlich, denn das Kommen zum Ausbilder bedeutet doch für den Hund etwas Angenehmes.

Haben wir unseren Hund abgelegt, und durch irgend einen Umstand können wir ihn nicht abholen, so darf diese Übung angewandt werden. Aber nur als Ausnahme, sonst nach Möglichkeit immer abholen.

Und so soll die Übung aussehen: Der Ausbilder geht mit seinem frei bei Fuß folgenden Hund geradeaus. Auf das Lautzeichen „Platz – bleib da!" hat der Hund sich schnell hinzulegen. Der Ausbilder hat seine Gangart nicht zu unterbrechen. Nach 30 und mehr Schritten bleibt der Ausbilder stehen und dreht sich dem Hund zu. Nach einer angemessenen Wartezeit – drei bis sechs Sekunden – wird der Hund mit „Axel hier!" abgerufen. Der Hund muß jetzt freudig und schnell zum Ausbilder kommen und sich vor ihn setzen. Kommt der Hund nicht, so nehmen wir die Spielstellung ein (hinhocken), und er wird bestimmt kommen. Die Ausführung der Übung erfolgt so wie bei der Übung „Kommen auf Rufen".

Freisprung über Hindernisse

Zweck der Übung. Der Hund soll auf Laut- und Sichtzeichen ein für ihn in der Höhe angemessenes Hindernis freudig überspringen.

Lautzeichen. „Axel – hopp!" – kurz, befehlend gesprochen.

Ein für den Hund und Ausbilder nicht zu hohes Hindernis steht zur Verfügung. Der Ausbilder geht mit seinem angeleinten Hund auf das

Links: Platz – Bleib da! Leine fallen lassen und Abstand zum Hund langsam vergrößern. – Rechts: Steh – Bleib da! Eine sehr schwierige Übung, die viel Geduld erfordert

Hindernis zu und springt unter gleichzeitigem Geben des Lautzeichens „Axel – hopp!" mit dem Hund über das Hindernis. Lautzeichen und Sprung im Anfang immer gleichzeitig. Der Hund braucht das eigentliche Springen nicht zu erlernen, er soll nur lernen, auf Befehl zu springen. Er soll also verknüpfen, springen auf Lautzeichen. Hier werden zwei Sinne angesprochen: 1. Das Gehör durch das Lautzeichen, 2. das Gesicht durch das Vorhandensein eines Hindernisses.

Die Hindernisse werden nach und nach höher. Für den Ausbilder wird das Überspringen schwierig bzw. nicht mehr möglich. Jetzt läuft der Ausbilder mit dem Hund ans Hindernis, als wolle er springen. Das Lautzeichen wird gegeben, der Hund springt, der Ausbilder läuft am Hindernis vorbei und ist fast zur gleichen Zeit wie der Hund auf der anderen Seite des Hindernisses. Hier ist die Schnelligkeit des Ausbilders von großer Wichtigkeit. Rücksprung wie Hinsprung.

Der Hund soll jedoch frei, d. h. ohne Behinderung durch eine Leine, springen. Dazu verwendet der Ausbilder ein Hilfsmittel, eine fünf bis sechs Meter lange, leichte Leine. In einem gewissen Abstand stehen Ausbilder und Hund vor einem Hindernis. Beide gehen/laufen in seine Richtung. Kurz vor dem Hindernis, jedoch in einer Entfernung, die dem Hund einen guten Absprung ermöglicht, folgt das Lautzeichen „Axel – hopp!". Der Hund springt – der Ausbilder bleibt vor dem Hindernis stehen. Die Leine bewirkt, daß der Hund nicht ausbricht. Auch der Rücksprung soll vom Hund ausgeführt werden. Der Ausbilder steht immer noch am Hindernis. Durch leichtes Klopfen am

87

Hindernis und das Lautzeichen „Axel – hier – hopp!" wird der Hund zum Rücksprung aufgefordert. Gleichzeitig läuft der Ausbilder einige Schritte nach rückwärts (die natürliche Anhänglichkeit des Hundes wird hierbei mobilisiert). Der Hund hat den Sprung auszuführen und sich vor seinem Ausbilder zu setzen. Anschließend ist die Grundstellung einzunehmen.

Ist eine Sprungübung gelungen, so ist der Hund ausgiebig zu loben. Die Übungen kann man sehr variieren. Der Hund springt über ein Hindernis und bekommt das Laut- und Sichtzeichen: „Steh – bleib da!", d. h., der Hund hat hinter dem Hindernis stehenzubleiben und wird von seinem Ausbilder abgeholt.

Es ist auch möglich, den Hund auf Hindernisse springen zu lassen. Vorsicht ist aber immer geboten. Der Hund soll sich nicht verschätzen und verspringen. Sonst macht er eine schlechte Erfahrung und wird nicht mehr frei springen. Also, wenn der Hund springen soll, immer auf genügenden Abstand zum Hindernis, auf die Bodenverhältnisse und natürlich auch die Höhe achten. Der Hund springt gern und will springen, doch infolge schlechter Bodenverhältnisse bzw. zu kurzem Abstand verspringt er sich und fällt dann meistens rückwärts. Dabei kann er so unglücklich aufschlagen, daß er Schaden an seiner Gesundheit nimmt. Aber auch das Herunterspringen vom Hindernis muß vom Hund gelernt werden. Er muß, und das ist die Voraussetzung, freiwillig abspringen.

Der Absprung von einem zu hohen Hindernis ist für den Hund, insbesondere für den Junghund, nicht immer ungefährlich und kann zu Schäden führen.

Warum? Der Hund setzt mit den Vorderläufen auf. Die Schulterblätter sind beim Hund nur durch Muskulatur und Sehnen mit dem Rumpf verbunden. Ein Schlüsselbein (das beim Menschen und Affen die Festigkeit der Schulterblätter am Brustbein gewährleistet) ist beim Hund nicht vorhanden. Auch das Schultergelenk zwischen Schulterblatt und Oberarm gestattet dem Hund nur eine Beugung und Streckung, aber keine Drehbewegung (wie dem Menschen). Beim unüberlegten Springenlassen kann der Hund sehr leicht Schulter- und Sehnenzerrungen bekommen. Und wir wundern uns, wenn der Hund lahmt!

Also: nur springen lassen, wenn er will; und körperlich nicht geeignete Hunde, die nicht springen wollen, nicht zum Springen zwingen. – Der Mensch mit Hilfe seines Verstandes hat hier zu entscheiden, entscheiden zum Wohle des Tieres!

Leinenführigkeit am Fahrrad

Der angeleinte Hund soll auf das Lautzeichen „Rad!" an der rechten Seite des Fahrrades an loser Leine seinem Besitzer so folgen, daß er den Verkehr nicht gefährdet oder behindert.

Lautzeichen. „Rad!" – energisch gesprochen!

Bewegung bedeutet für den Hund alles. Sonst bleibt er ein Kümmerling. Unser Hund ist ein Lauftier, und es ist für ihn zum Nutzen, wenn er viel laufen kann und darf. Selbstverständlich muß auch hier alles im Rahmen bleiben. Es ist ohne Zweifel keine Tierquälerei, wenn der Hund ruhig neben seinem Besitzer am Fahrrad trabt.

Die Übung erfordert für den Hund viel Training und verlangt vom Ausbilder Geschicklichkeit. Ich habe noch keinen Hund gesehen, der nach einigen Übungsfahrten nicht vor Freude hochspringt, wenn „Herrchen" sein Fahrrad nimmt und mit dem Hund „ausfahren" will. Im heutigen Zeitalter der Bequemlichkeit ist diese Übung für beide Teile zum Vorteil.

Eine Vorübung ist hier wieder erforderlich. Der Hund darf unter keinen Umständen vor dem Fahrrad Angst haben. Das Fahrrad muß für den Hund etwas Angenehmes sein. Zeigen Sie Ihrem Hund das Fahrrad. Viele Hunde haben Angst vor dem „Eisengerüst". Meistens haben sie schlechte Erfahrungen mit ihm gemacht. Binden Sie daher niemals Ihren Hund bei einer Pause an das Fahrrad. Durch irgend einen Umstand zieht er an der Leine, und schon fällt das Fahrrad auf ihn. Der Hund kann nicht logisch folgern und weiß nicht, daß er der Übeltäter ist. Für den Hund tut das Fahrrad weh, und er bekommt Angst davor. Diesen Schock überwindet er sehr schwer.

Hat der Hund Vertrauen zum Fahrrad, kann mit der Übung begonnen werden. Der Ausbilder stellt sich sein Fahrrad zurecht und kommt mit dem Hund dazu. Der Hund setzt sich in Grundstellung. Rechts vom Ausbilder steht das Fahrrad. Mit der linken Hand wird es angefaßt. Jetzt folgt das Lautzeichen „Rad!". Die linke Hand schiebt das Fahrrad einige Zentimeter zurück, und mit der rechten Hand wird der Hund mit Hilfe der Leine ganz leicht vor dem Vorderreifen zur rechten Seite des Fahrrades gezogen. Ist der Hund auf der rechten Seite in Höhe des Ausbilders, so hat er sich wieder zu setzen. Jetzt erst besteigt der Ausbilder das Fahrrad. Der Hund darf nicht aufstehen. Daher immer wieder auf den Hund einwirken.

Anfahren und das Lautzeichen „Rad!" bedeuten dann für den Hund „Laufen am Fahrrad!". Im Anfang wird er versuchen, nach vorne zu preschen und zu ziehen. Hier erfolgt dann die Einwirkung wie bei der Leinenführigkeit. Ruck in der Leine und das Lautzeichen „Rad!". Es dauert gar nicht lange, und der Hund wird ruhig neben dem Fahrrad traben. Die Geschwindigkeit muß sich natürlich nach dem Hund richten.

Der Hund soll ruhig traben. Bleibt er zurück, so ist eine Pause einzulegen. Die Strecke wird von Tag zu Tag verlängert, und es dauert nicht lange, und Ihr Hund trabt ruhig und ausgeglichen zehn Kilometer am Fahrrad. Für die kleineren Rassen entsprechend weniger. Bedenken Sie aber, immer gleiches Tempo, auch wenn ein noch so schöner Berg nicht ausgenutzt werden kann und Sie bremsen müssen.

Wichtig ist noch zu wissen, daß die Leine nie mit dem Körper des Ausbilders oder mit dem Fahrrad fest verbunden sein darf. Die Verbindung muß jederzeit unterbrochen werden können, denn der Hund ist uns hier überlegen. Bleibt er plötzlich stehen oder läuft zur Seite, werden wir unweigerlich stürzen. Hier dann lieber die Leine loslassen. Daher im Anfang immer darauf achten und eventuelle Abschweifungen des Hundes durch einen kräftigen Ruck in Verbindung mit dem Lautzeichen „Rad!" unterbinden.

Wird die Radtour unterbrochen oder beendet, so folgt das Lautzeichen „Steh!", und der Hund hat stehenzubleiben. Jetzt steigt der Ausbilder vom Fahrrad, und es folgt das Lautzeichen „Bei Fuß!". Mit der linken Hand das Fahrrad wieder etwas zurückschieben, und der Hund läuft vor dem Vorderrad zur Grundstellung. Der Hund hat sich wieder zu setzen.

Das Zurückschieben des Fahrrades im Anfang und am Ende ist nur eine Hilfe, und nach einigen Übungsstunden wird es nicht mehr nötig sein. Ich habe bei meinen Diensthunden immer wieder beobachtet, daß sie vor Freude über das Vorderrad springen, nur um auf die richtige Seite zu kommen. Sie können es gar nicht abwarten. – Sehr leicht können bei dieser Übung Schäden an den Ballen der Hunde entstehen. Auch hier ist gewisses Training erforderlich. Fahren Sie am Anfang auf Sandwegen und nach und nach auf festen Straßen. Auch die jeweilige Temperatur sollte jeder Hundefreund beachten.

Die Wurfkette – ein Hilfsmittel bei der Ausbildung

Um unseren Freund Hund von den uns unerwünschten Gewohnheiten abzuhalten, müssen wir ihn überlisten. Eine solche List ist die Anwendung der Wurfkette. Ihr Name sagt uns schon ihren Verwendungszweck. Man bedient sich ihrer zum Werfen nach dem Hund. Man könnte sie auch als verlängerten Arm des Ausbilders bezeichnen.

Die Wurfkette ist nun das Mittel, auf das der Hund bei richtiger Anwendung immer richtig reagiert. Sie ist gewissermaßen ein „Zaubermittel" und verdient, eingehend behandelt zu werden.

Vor Jahrzehnten, als die Welt noch nicht so schnellebig war und die Technik noch in den Kinderschuhen steckte, konnte man allenthalben riesige Schafherden sehen, die von einem Schäfer mit seinen Hunden gehütet oder getrieben wurden. Diese riesigen Herden zusammenzuhalten oder dorthin zu treiben, wo der Mensch sie hinhaben wollte, war nur mit Hilfe von Hunden möglich. Zog der Schäfer mit seiner Herde auf ein Feld, so bewachte er mit seinem „Beihund" die eine Seite, und der „Halbenhund" bewachte ganz alleine die andere „halbe" Seite. Daher auch die Bezeichnungen „Beihund" und „Halbenhund". Dieser Halbenhund war überall dort, wo ein Tier auszubrechen versuchte, und wies es nachdrücklich auf seinen Platz. Der Halbenhund war von seiner Aufgabe so gefangen, daß er wahrlich keine Zeit hatte, irgendwelchen Naturtrieben zu folgen. Tat er es trotzdem einmal, so hatte der Schäfer ein einfaches, aber geniales Mittel, seinen Halbenhund an die Pflicht zu erinnern. Er hatte eine nicht zu schwere Kette, befestigt an einem handlangen, runden Holzstab. Mit diesem Gegenstand warf er nach seinem Hund. Diese Schäfer hatten eine Sicherheit im Werfen, die Bewunderung verdient. Sie trafen, und zwar mit verblüffender Genauigkeit. Diese Kette tat nicht übermäßig weh, das sollte sie auch nicht, aber sie bewirkte, daß der Hund blitzartig wieder bei der Sache war. Warum? Nun, der Hund lernt rein gedächtnismäßig durch Verknüpfen seiner Sinne. Mit Hilfe der Wurfkette hatte der Schäfer also einmal auf das Gefühl des Hundes – leichter Schmerz – und zum anderen auf das Gehör – durch das Klirren – eingewirkt. Das Erinnerungsvermögen des Hundes war mobilisiert, und dank seines guten Gedächtnisses wußte er sofort wieder, was er zu tun hatte. Ob draußen oder im Stall, überall erzielte der Schäfer mit seiner Wurfkette auf Entfernungen die gewünschte Wirkung.

Die Wurfkette ist später für die Ausbildung von Polizeidiensthunden übernommen worden. Allerdings gebrauchen wir sie ohne Holzstab, so wie ich sie auf Seite 65 beschrieben habe.

Auch Sie werden die Wurfkette für die Ausbildung Ihres Hundes benötigen. In vielen Situationen können Sie dieses Hilfsmittel anwenden. Damit Sie es auch richtig machen, werde ich einige Beispiele anführen.

Sie lassen Ihren Hund laufen, er ist nicht angeleint und kann sich frei bewegen. Im Freien wirken auf Ihren Hund tausend Dinge ein, die wir Menschen überhaupt nicht verstehen können. Ihr Hund wird von Baum zu Baum laufen und dort alles aufmerksam beobachten und beschnüffeln. Da er ein Nasentier ist, gibt es für ihn sehr viel Interessantes, er liest seine „Zeitung". Wie Ihrem Hund hierbei zumute ist, kann keiner sagen. Plötzlich hat er etwas entdeckt, er schnuppert und scharrt, bedeckt die Stelle und kümmert sich weder um Ihre Worte und Gesten noch um das so gutgemeinte Locken. Sie können noch so viel rufen, Ihr Hund kommt nicht. Er ist in seiner Welt, er hat für Herrchen und Frauchen keine Zeit. Dies hat mit Ungehorsam absolut nichts zu tun, er handelt nur natürlich. Hier erlebt er viel mehr, als Sie ihm je geben können.

Für Sie ist diese Handlungsweise Ihres Hundes jedoch unerwünscht. Jetzt kommt Ihr „Zaubermittel" zur Anwendung. Ohne daß Ihr Hund Ihre Bewegung wahrnehmen kann – die richtige Stellung zum Hund müssen Sie natürlich eingenommen haben –, werfen Sie ihn mit der

Die Wurfkette, richtig angewandt

Wurfkette, gleichzeitig locken Sie Ihren Hund zu sich heran, etwa so: „Axel, hier!" Hat die Wurfkette unter Klirren ihr Ziel erreicht, so ist der Hund ganz erstaunt, er wird sich ängstlich umsehen und Ihrem erneuten Ruf zu kommen sofort Folge leisten. Ihr Hund kann nicht logisch denken. Für ihn tut der Baum, das Schnüffeln, weh. Sie werden Ihren Hund noch mit typischer menschlicher Heuchelei empfangen und zu ihm sagen: „So ist's brav – mein Hund!" Gleichzeitig werden Sie Ihr Mitgefühl für seinen Schmerz noch unterstreichen, indem Sie ihn tätscheln und streicheln. Ihr Hund wird sich anschmiegen und bei Ihnen bleiben.

Der Hund hat sich hier entscheiden müssen, und zwar zwischen einer Unannehmlichkeit – Baum / Schnüffeln tut weh – oder einer Annehmlichkeit – Loben / Streicheln bei Herrchen. Und wie wird er sich entscheiden? Natürlich für die Annehmlichkeit.

Nach einiger Zeit werden Sie die Wurfkette wieder aufnehmen und in die Tasche stecken. Ihr Hund hat die Zusammenhänge nicht begriffen. Bei richtiger Anwendung bleibt die Wurfkette für Ihren Hund immer ein Zaubermittel. Sie wird stets die Einwirkung eines Dritten vortäuschen. In dieser Situation werden Sie, wenn es nötig ist, die Wurfkette noch ein- oder zweimal anwenden müssen. Später brauchen Sie nur noch mit der Wurfkette zu klirren, ja, das Klirren mit dem Schlüsselbund genügt, und Ihr Hund kommt. Mit dem Klirren wirken Sie auf das Gehör des Hundes ein. Sein Erinnerungsvermögen wird mobilisiert, und dank seines guten Gedächtnisses ahnt er schon den kommenden Schmerz – die Unannehmlichkeit – und entscheidet sich sofort für die Annehmlichkeit bei Herrchen oder Frauchen, eine ganz natürliche Reaktion.

Nun noch ein Beispiel aus meiner Praxis: Ich hatte für den Polizeidienst einen neuen Hund angekauft. Er kam aus der Stadt und kannte kein Geflügel. Beim ersten Auslauf, den ich mit ihm machte, sah er ein Huhn, das erschreckt aufflatterte. Axel, so hieß der Hund, spitzte die Ohren, und ohne daß ich es verhindern konnte, raste er wild auf das Huhn zu. Die Versicherung hatte nur noch zu zahlen!

Der Hund hatte hier natürlich gehandelt, denn das Würgen der Beute liegt in seinem Blut, es ist sein Erbe von seinen Ahnen. Ich als Mensch hätte es wissen müssen und habe versagt.

Beim nächsten Auslauf beobachtete ich meinen Axel. Als er sich wieder auf ein Huhn stürzen wollte und schon etwa drei bis vier Schritte von mir entfernt war, traf ihn meine genau gezielte Wurfkette.

Er hatte es nicht gesehen, daß die Wurfkette aus meiner Hand kam. Axel schreckte mächtig zusammen. Von dem Huhn ließ er sofort ab, und als ich ihn rief und lobte, kam er und schmiegte sich fest an mich. Ich habe bei diesem Hund nur noch zweimal die Wurfkette anwenden müssen. Der Erfolg war kaum zu glauben. Der neue Hund machte um Hühner einen großen Bogen. Riskierte er dennoch mal einen Blick zum Huhn, so brauchte ich nur noch mit meinem Schlüsselbund zu klirren, und schon vergaß er das Huhn und war bei mir.

Was war in meinem Hund vorgegangen? Ich habe hier wieder zwei Sinne angesprochen, das Gehör und das Gefühl. Der Hund vernimmt mit seinem feinen Gehör das Klirren der Wurfkette und spürt gleich darauf einen Schmerz. Hier die Unannehmlichkeit für den Hund in Verbindung mit dem Huhn, da die Annehmlichkeit – das Rufen und Locken durch seinen Herrn.

Jedoch Vorsicht bei Anwendung der Wurfkette. Wir wissen, der Hund nimmt Falschverstandenes leicht übel. In seinem hochentwickelten Gedächtnis registriert er alles genau.

Der Ausbilder muß daher große Umsicht walten lassen und die Wurfkette nicht falsch anwenden. Das bedeutet, daß der Hund nicht sehen darf, daß die Kette aus der Hand des Ausbilders kommt. Es muß also darauf geachtet werden, immer nur außerhalb der Blickrichtung des Hundes zu werfen.

Fortbildung für Mensch und Hund

Motivation

Eine planmäßige und durchdachte Erziehung und Ausbildung unseres Hundes ist nur möglich, wenn der Mensch mit Hilfe seines Verstandes es versteht, seinen Hund für die Erziehung und Ausbildung zu motivieren. Immer wieder müssen wir unseren Hund „aufnahmefähig" machen, d. h. freudig stimmen. Mehrfach habe ich auf diese Grundvoraussetzung hingewiesen.

Und wie ist es mit uns? Ich setze voraus, daß jeder das Beste für seinen Hund wollte und auch gegeben hat. Doch der gewisse Punkt ist mit einemmal da, es beginnt Stillstand und der bedeutet Rückgang. Jetzt braucht der Mensch als Ausbilder Motivation! Er braucht Kontakt zu seinesgleichen, um wieder ein Ziel zu haben.

Längst haben wir es bemerkt und wissen es, unser Hund will arbeiten und beschäftigt sein. Wollen wir es nicht auch? Ich denke ja!

Der Begriff „Hundeführerschein" und der Satz „Sport mit dem Hund" sind, gerade in den letzten Jahren, in aller Munde. Einen amtlichen „Hundeführerschein" gibt es noch nicht. So wie ich es sehe und die Behörden kenne, wird es vorerst auch keinen derartigen „Schein" geben. Ich bin für den „Hundeführerschein" mit jährlicher Wiederholung. Bei Bestehen bekommt der Besitzer 50 Prozent Nachlaß bei der Hundesteuer. Das Problem der nichterzogenen Hunde wäre gelöst! Intern werden schon von einigen Vereinen „Hundeführerscheine", die natürlich keine rechtlichen Grundlagen haben, angeboten. Als Grundlage dienen immer die Übungen der **Begleithundeprüfung der AZG***. Übungen, die in diesem Buch beschrieben sind.

Mit dem Ablegen beweisen Sie als Besitzer und Hundeführer Ihr Können. Unterstützung finden Sie bei den Vereinen der Arbeitsgemeinschaft der Zuchtvereine und der Gebrauchshundeverbände (AZG).

---

* siehe Seite 103

Die Zeiten, da auf Hundesportplätzen nur Schutzhunde ausgebildet wurden, sind längst vorbei. Die Vereine haben sich umgestellt und bilden in der Regel für alle Hunde, ob klein, mittel oder groß, besondere Ausbildungskurse mit Prüfungen und „Sportveranstaltungen mit dem Hund", an.

Angeboten werden:

– Die Ausbildung zum Begleithund mit Prüfung – **„Der Hundeführerschein".**

– **„Sport mit dem Hund"** im Deutschen Hundesportverband (dhv) (Zwischenzeitlich von allen AZG-Vereinen übernommen und vom VDH voll anerkannt.)

– **„Agility"**

– **„Team-Ausbildung"** mit **„Team-Test",** vom Südwestdeutschen Hundesportverband entwickelt und in einer Ordnung festgehalten. (Zwischenzeitlich auch vom Deutschen Hundesportverband (dhv) anerkannt und empfohlen.)

– **„Augsburger Modell",** 1986 vom Verein für Deutsche Schäferhunde eingeführt.

Hier einige Kurzhinweise.

Der Begleithund mit Prüfung – Der Hundeführerschein!

Die Ausbildung mit Prüfung zum verkehrssicheren Begleithund sollte für jeden Hundebesitzer oberstes Ziel sein, denn in heutiger Zeit muß sich der Hund den Verkehrsverhältnissen anpassen und seinem Besitzer gelassen überallhin folgen.

Der Grundstein für eine diesbezügliche Ausbildung wird schon bei der Auswahl des Welpen gelegt. Der erblich im Wesen negativ belastete Hund eignet sich nicht für diese Ausbildung und schon gar nicht für die Prüfung.

Haben Sie Ihren Hund als Welpen, wie von mir beschrieben, ausgesucht und während der Prägungsphasen dem Hund alles, aber auch wirklich alles, gezeigt, kann eigentlich nichts mehr schiefgehen.

Von den von mir beschriebenen Gehorsamsübungen werden auf einem Platz schulungsmäßig geprüft „Leinenführigkeit", „Freifolge", „Sitzübung" und „Ablegen in Verbindung mit Herankommen". Dazu kommt die Unbefangenheitsprüfung.

Es werden immer zwei Hunde gleichzeitig geprüft. Während der eine sein „Können" zeigt, muß der zweite auf einem Ablegeplatz liegen. Der Besitzer muß in einer Entfernung von rund 40 Metern mit dem Rücken zum Hund stehen, der Dinge harren.

Zweimal wird jeder Hund auf seine Schußgleichgültigkeit überprüft. Einmal beim schulmäßigen Vorführen der Freifolge und einmal während des Ablegens auf dem Ablegeplatz.

Die Überprüfung der „Schußgleichgültigkeit" ist von größter Wichtigkeit, denn hier kann es sich um vererbbare Wesensveranlagung handeln. Ein Hund, der bei jedem Knall die Rute einklemmt und davonschleicht, am ganzen Körper zittert, sich unter einem Versteck verkriecht oder gar sein Heil in der Flucht sucht, ist als Begleithund nicht geeignet.

Im zweiten Teil der Prüfung wird die Führung und das Verhalten des Hundes im Straßenverkehr geprüft. Alles was er gelernt hat und schulungsmäßig auf einem ruhigen Platz geprüft wurde, wird in einem zweiten Teil, für mich der wichtigere Teil, **praxisnah** in gestellten Aufgaben verpackt, noch einmal geprüft. Nicht mehr und nicht weniger!

Mit allen nur möglichen Situationen im Straßenverkehr wird der Hund konfrontiert. Er hat alles gelassen zu meistern.

Sport mit dem Hund
im Deutschen Hundesportverband (dhv)

Zur Förderung des „Sports mit dem Hund" hat der Deutsche Hundesportverband für seine Mitglieder, die Interesse am „Sport mit dem Hund" zeigen, eine sinnvolle und dem Sport dienende Turnierordnung geschaffen.

Natürlich kann auch hier nur der gut erzogene und ausgebildete Hund teilnehmen. Die bekannten Grundübungen wie „Die Leinenführigkeit", „Die Freifolge", „Die Sitzübung" und „Das Platzmachen" werden zu Beginn der Veranstaltung geprüft und mit Punkten bewertet.

Ohne eine gute Erziehung und Ausbildung läuft also hier auch nichts!

Es folgt der **Hürdenlauf.** Hier muß der Hundebesitzer gemeinsam mit seinem Hund auf einer Laufstrecke von 50 Metern drei hintereinander aufgestellte Hürden überspringen.

Anschließend folgt der **Slalomlauf.** Hier durchläuft der Hundebesit-

Malene Campe, Deutsche Meisterin 1992 im Turnierhundesport mit ihrer „Anka" (Setter/Schäferhundmischling), „Anka" durchspringt ein Hindernis. Mensch und Hund haben Freude am Gelingen!

zer mit seinem Hund einen mit Stangen ausgesteckten „Zick-Zack-Kurs". Die Laufstrecke ist etwa 75 Meter lang.

Zum Schluß folgt der **Hindernislauf.** Es sind 8 Hindernisse aufgebaut, die der Hund zu überwinden hat:
– Hürde, 50 cm hoch, Aufsetzen erlaubt,
– Treppe, 100 cm hoch, 100 cm breit, Auf- und Abgang je 5 Stufen,
– Tunnel, 350 cm (der Tunnel muß vom Hund durchlaufen werden),
– Laufdiel, aufgebockt, Gesamthöhe 65 cm, Breite 30 cm, Länge 450 cm, am Anfang und Ende je eine Stufe 40 cm hoch, 60 cm tief und ca. 40 cm breit,
– Tonne, 60 cm ∅ und mindestens 8 cm breit, Aufsetzen erlaubt,
– Reifen, Innendurchmesser 70 cm. Der Reifen muß durchsprungen werden,
– Hoch-Weitsprung, 35 cm hoch, 100 cm breit und 100 cm weit,
– Hürde, 50 cm hoch, Aufsetzen erlaubt.
Entsprechend der Größe der Hunde werden einige Hindernisse in den Abmessungen verändert. Der Hundebesitzer läuft nebenher, der Hund ist nicht angeleint.

Der „**Geländelauf mit dem Hund**" ist eine weitere Möglichkeit, sich mit seinem vierbeinigen Begleiter sportlich zu betätigen. Hier hat der Hundebesitzer mit seinem angeleinten Hund eine 2000 bzw. 5000 Meter lange Strecke zu durchlaufen.

Agility – eine neue Variante im Sport mit dem Hund!

Ende 1989 hat der Gesamtvorstand der Fédération Cynologique Internationale (FCI) in Stockholm ein Agility-Reglement für eine neue internationale Sportart mit dem Hund beschlossen.

Ist Agility etwas Neues? Ich denke nein! Die FCI hat es jedoch verstanden, die vielen schon vorhandenen Möglichkeiten, seinen Hund zu motivieren und zu fördern, in einem Reglement zusammenzufassen.

Das Agility-Reglement ist für alle Hunde, ob klein oder groß, gültig. Je nach der Größe der Hunde wird der Hindernisparcours aufgebaut. So gibt es z. B. ein „Mini Parcours" für Hunde mit weniger als 45 cm Widerristgröße.

Bis zu 15 Hindernisse können in einem Parcours aufgebaut werden. (Die Hürden, das Viadukt oder die Mauer, der Tisch, die Anhaltzone

„Agility" – beim Training auf der Wippe. Die „Wippe", ein sehr schwieriges Hindernis im „Agility-Parcours". Geschicklichkeit und Vertrauen sind hier die Grundlagen zum Gelingen

99

am Boden, der Laufsteg, die Wippe, die Schrägwand, der Slalom, der feste Tunnel, der Sach-/Stofftunnel, der Reifen, der Weitsprung, der Wassergraben, die Kavalettis.)

Auch hier bildet eine gute Erziehung und Ausbildung des Hundes den Schlüssel zum Erfolg. Mensch und Hund müssen gerade hier aufeinander eingespielt sein.

Agility kommt ursprünglich aus England, doch finden wir heute schon in vielen anderen Ländern Europas Agility-Clubs (Frankreich, Schweiz, Holland, Belgien, Österreich).

In Deutschland bestehen zwar auch Agility-Clubs, doch sind diese mehr oder weniger noch im Aufbau begriffen. Neben diesen Agility-Clubs bieten auch Hundesportvereine in Deutschland Agility als neue Sportart an. Agility bedeutet Sport – Spaß – Spiel und Spannung mit dem Hund.

Team-Sport – Team-Test

Der Südwestdeutsche Hundesportverband e.V. (swhv), der mit seinen Ortsgruppen überwiegend im süddeutschen Raum vertreten ist, hat es in den letzten Jahren verstanden, den Hundesport attraktiver zu machen. Durch immer neue Ideen wurden die Hundebesitzer motiviert und zum Mitmachen aufgefordert.

„Team-Arbeit" und „Team-Test" ist an der von mir beschriebenen Begleithundeausbildung mit Prüfung angelehnt. Bewußt wird hier aber immer wieder herausgehoben, daß Mensch und Hund in einem Team zusammengehören. Nur dann kann das Werk gelingen. Im „Team-Test" werden beide, Mensch und Hund, geprüft.

Auch hier sind die bekanntesten Grundübungen die Voraussetzungen für das Bestehen des „Team-Tests" (Die Leinenführigkeit – Die Freifolge – Die Sitzübung – Das Platzmachen und Herankommen – Das Anbinden des Hundes).

Besonders zu erwähnen sind die Übungen in der Praxis, im Bewegungsverkehr, wie es in einer Broschüre heißt. Sei es mit einer Personengruppe, mit einem Jogger oder Fahrrad- bzw. Mopedfahrer. Alles Vorgänge, die im täglichen Leben vorkommen und so manchem Hundebesitzer viel Kopfzerbrechen bereiten.

Die Einführung von der Teamausbildung bis zum Team-Test durch die Sportfreunde im südwestdeutschen Raum hat ein sehr erfreuliches Echo gefunden. Dadurch hat sich der Deutsche Hundesportverband

*Eine Prüfungsphase beim Swhv-Team-Test. Der Hundeführer geht im normalen Schritt, der Hund läuft frei. Von hinten nähern sich zwei **Jogger im Laufschritt**, überholen, ohne das Tempo zu verändern und laufen weiter. Der Hundeführer kann bei der Prüfung seinen Hund sowohl heranrufen und anleinen, als auch auf Distanz ablegen, sitzen oder unbeteiligt gehen lassen. Auf keinen Fall darf der Hund den **Joggern** entgegenlaufen, nachspringen oder sonstwie belästigen. Dieselbe Übung wird auch im Bewegungsverkehr von vorne geprüft*

veranlaßt gesehen, diese neue Variante im Hundesport in ganz Deutschland einzuführen und zu empfehlen.

„Augsburger Modell" des Vereins für Deutsche Schäferhunde

Mit dem Augsburger Modell durchbrach 1986 der Verein für Deutsche Schäferhunde, der über 110 000 Mitglieder in seinen Reihen hat und mit über 2000 Ortsgruppen in ganz Deutschland präsent ist, die Schallmauer. Er stellte seine funktionsfähigen Ortsgruppen der Allgemeinheit zur Verfügung. Grund war sicherlich auch die Schelte der Medien über unseren angeblich „gefährlichen Hund". Übereinstimmend waren wir Fachleute damals schon der Meinung, daß die beste Gewähr gegen einen möglichen „Unfall" mit einem Hund eine artgerechte Erziehung und Ausbildung ist.

101

Beim „Augsburger Modell" sind alle Hunderassen gern gesehen. Deutsche Schäferhunde, Pyrenäen-Berghund, Rottweiler, Mittelschnauzer, pfs., Bobtail, Briard und zwei nicht ganz rassereine Hunde beweisen z. B. hier ihre Ausbildungsfähigkeit

Daher ist der Sinn und Zweck des Augsburger Modells nach wie vor, in einem Trainingsprogramm Hund und Hundebesitzer für die Begleithundeprüfung vorzubereiten und dann zu prüfen. Rasse und Größe des Hundes sowie Mitgliedschaft im Verein für Deutsche Schäferhunde spielen keine Rolle.

Eine Bescheinigung über die bestandene Prüfung nach dem Augsburger Modell ist für mich so gut wie der **Hundeführerschein**.

Alle Übungen, die im **Augsburger Modell** gefordert werden, sind in diesem Buch beschrieben.

102

Organisation des Hundewesens

Fédération Cynologique Internationale (FCI)

Die Weltorganisation FCI wurde 1919 gegründet und hat heute 65 Länder als Mitglieder, auf alle fünf Kontinente verteilt. Die wichtigsten Ziele dieser Organisation sind Förderung der Zucht, gegenseitige Anerkennung der Zuchtbücher und Abstammungsurkunden, internationale Verwaltung der Rassestandards und internationaler Zuchtzwingerschutz. Weiter koordiniert sie internationale Anlässe und erläßt Reglements für das Ausstellungs- sowie Prüfungswesen. Für die „Internationale Prüfungsordnung" zeichnet die FCI verantwortlich. Durch den 1989 gefaßten Beschluß über das Agility-Reglement bekennt sich die FCI auch zum Breitensport, zum Sport mit dem Hund.

Verband für das Deutsche Hundewesen e. V. (VDH)

Der Verband für das Deutsche Hundewesen ist der nationale Dachverband für das Hundewesen in Deutschland. Ihm gehören als ordentliche Mitglieder mehr als 130 Rassehunde-Zuchtvereine und Hundesportverbände an, als außerordentliches Mitglied der Jagdgebrauchshundverband. Einzelpersonen können nicht Mitglied werden. Diese dem VDH angeschlossenen Vereine betreuen rund 800 000 Mitglieder in Deutschland, womit der VDH größtes föderiertes Mitglied des Weltverbandes, der Fèdèration Cynologique Internationale (FCI), ist.

Arbeitsgemeinschaft der Zuchtvereine (der Gebrauchshunderassen) und der Gebrauchshundeverbände (AZG)

Die AZG ist eine in sich selbständige Untergliederung des VDH. Die Weltgeltung des deutschen Gebrauchshundewesens kommt nicht von ungefähr. Sie ist das Ergebnis einer konsequent leistungsorientierten Zucht, der sich die deutschen Rassehundezuchtvereine von Anbeginn verschrieben haben. Hinzu kommt das umfassende Ausbildungsangebot des Deutschen Hundesportverbandes. Die AZG wurde 1956 gegründet und ist nach wie vor für das Prüfungswesen innerhalb des VDH verantwortlich, sie ist richtungsweisend für Deutschland.

Nachwort

Das große Geheimnis jeder Erziehung und Ausbildung unseres Hundes, die ihn zum guten und erträglichen Hausgenossen werden lassen, liegt darin, ihm in geeigneter Weise verständlich zu machen, was er soll und was er nicht soll! Nicht Drill und Zwang führen zum unbedingten Gehorsam, sondern Konsequenz bei der Behandlung. Die meisten Hunde bringen von Natur aus den guten Willen zur Unterordnung mit. Leider verstehen es viele Hundebesitzer nicht, sich konsequent als „Chef" durchzusetzen.

Ich habe versucht, die gar nicht so schwierigen Möglichkeiten der Erziehung und Ausbildung in verständlicher Form aufzuzeigen. Äußerst wichtig zu wissen ist, warum und wieso der Hund sich so oder so verhält!

Nur der Besitzer eines Hundes, der die Handlungsweise seines Hundes zu deuten gelernt hat und ihm gegenüber demzufolge in angemessener Weise konsequent reagiert, ist ein guter Erzieher und Ausbilder. Er muß daher bereit sein, vor der Praxis die Theorie zu setzen. Nur Praxis alleine genügt nicht. So muß der Hundebesitzer einfach wissen, daß nicht nur die äußeren Merkmale wie Größe, Farbe, Gebiß usw. vererbt werden, sondern auch die viel wichtigeren inneren Merkmale wie Ruhe, Unbefangenheit, Gutartigkeit, mittlere Reizschwelle in Verbindung mit Selbstsicherheit, vernünftiger Kampftrieb, Nasenveranlagung, Führigkeit, Schußgleichgültigkeit, **aber leider auch** Ängstlichkeit, Scheue, zu hohe bzw. zu niedrige Reizschwelle, verdeckter und unkontrollierbarer Kampftrieb (gefährliche Hunde), und Schußscheue. Um nur einige Wesensmerkmale aufzuzeigen.

Merke: Die Voraussetzungen für den von uns gewünschten Hund sind nur gegeben, wenn zum 100prozentigen **Wesen,** eine einwandfreie **Umweltprägung** und eine richtige **Erziehung und Ausbildung** folgt. Der gut gezüchtete, geprägte, erzogene und ausgebildete Hund, egal welcher Rasse und Abstammung, bringt, wie ich an anderer Stelle schon schrieb, Freude ins Haus. Ja – und Freude am Hund wollen wir doch haben! Doch nun ans Werk! Ich wünsche gutes Gelingen.

Anschriften, die Sie kennen sollten

Verband für das Deutsche Hundewesen e. V. (VDH)
Westfalendamm 174
4600 Dortmund

Fédération Cynologique Internationale (FCI)
14, rue Leopold 11
6530 Thuin/Belgien

Verantwortlich für Ausbildung und Sport mit dem Hund

Deutscher Hundesportverband e. V. (dhv) mit seinen Untergliederungen

Deutscher Verband der Gebrauchshundesportvereine e. V. (DVG)
Hauptgeschäftsstelle
Gustav-Sybrecht-Str. 42
4670 Lünen 6

Südwestdeutscher Hundesportverband e. V.
Geranienstr. 8
7069 Berglen 3

Hundesportverband Rhein-Main e. V.
Norbert Daum
Kreuzstr. 55
6108 Weiterstadt

Bayrischer Landesverband für Hundesport e. V.
Geschäftsstelle
Neumarketer Straße 2a
8000 München 80

Deutscher Sporthund Verband e. V.
Geschäftsstelle
Hans-Böckler-Str. 48
4050 Mönchengladbach

Schutz- und Gebrauchshunde-Sportverband
Geschäftsstelle
Eichhorster Str. 48
1143 Berlin

Berliner Verband der Hundesportvereine e. V.
Saatwinkler Damm 185
1000 Berlin 13

Verantwortlich für die Zucht der jeweiligen Rasse, jedoch auch verantwortlich für Ausbildung und Sport mit dem Hund

Verein für Deutsche Schäferhunde
Steinerne Furt 71
8900 Augsburg

Boxer-Klub e. V.
Veldener Straße 64–66
8000 München 60

Internationaler Boxer-Club
Steinkuhle 20
4330 Mülheim/Ruhr

Allgemeiner Deutscher Rottweiler Klub e. V.
Rintelner Str. 385
4952 Porta Westfalica 4

Klub für Terrier e. V.
Postfach 11 46
6092 Kelsterbach/Main

Pinscher-Schnauzer-Klub e. V.
Barmerstr. 80
5630 Remscheid-Lüttringhausen

Dobermann-Verein e. V.
Otto-Hahn-Str. 16
8060 Dachau b. München

Rassezuchtverein für Hovawart-Hunde e. V.
Am Hermannsbrunnen 33
5840 Schwerte

Hovawart-Zuchtgemeinschaft-Deutschland e. V.
Waldring 4
2125 Luhmühlen

Deutscher Bouvier-Club
Stapelhorststr. 1
4300 Essen

Deutscher Doggen-Club
Ringstr. 2
4441 Lünne

Verband der Pudelfreunde Deutschlands
Dorfstr. 27
2055 Wohltorf

Deutscher Pudel-Klub e. V.
Vaderkeborg 19
2950 Leer

Weitere Anschriften von Vereinen können beim VDH, Westfalendamm 174, 4600 Dortmund, erfragt werden.

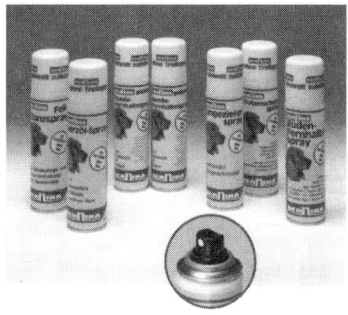

Literatur

Neuhaus, W.: Die Riechfähigkeit des Hundes.

Seiferle, E.: Der Bewegungsablauf des Hundes. (Abhandlung nach Vortrag anl. d. kynologischen Weltkrongresses 1956 in Dortmund)

Fédération Cynologique Internationale (FCI): AGILITY – Reglement der FCI –.

Verband für das Deutsche Hundewesen (VDH): Prüfungsordnung mit Ausführungsbestimmungen.

Verein für Deutsche Schäferhunde: Ausführungsbestimmungen zum „Augsburger Modell".

Deutscher Hundesportverband (DHV): Turnier-Ordnung für den Breitensport mit dem Hund.

Südwestdeutscher Hundesportverband e. V.: Mensch und Hund – „Team".

Schecker Tier und Technik: Katalog 92/93 – Flexi – die meistgekaufte Roll-Automatik-Leine der Welt, Südbrookmerland.

Bildnachweis

Titelbild (oben) — Gerhard Ast, Wilhelmshaven

Titelbild (unten) und die Seiten 17, 25, 29, 40, 61, 98, 99 — Peter Burtzik jun., Norderstedt

Seiten 39, 46, 47, 50, 51, 57, 59, 63, 65, 68, 69, 70, 72, 73, 75, 78, 79 — Hans Kühl, Eutin-Liensfeld

Seite 101 — Südwestdeutscher Hundesportverband e. V.

Seite 102 — Peter Mentzel, Fedderwarden bei Wilhelmshaven

Die übrigen Abbildungen stammen vom Verfasser.